今を生きる思想

マルクス

生を呑み込む資本主義

白井 聡

現代新書
100
HUNDRED

講談社現代新書

2695

はじめに　なぜいま、マルクスなのか？

カール・マルクス（一八一八〜一八八三年）。「資本主義の危機」が叫ばれるたびに、その名が繰り返し呼び出される、あの髭面の男。彼が没してから一五〇年近く経つというのに、なぜいまだにわれわれわれわれは彼を呼び出すのだろうか。

しかし、ここで言っておかなければならない。マルクスの理論、資本主義社会の分析は、不況の分析ではないし、恐慌（不況の巨大版だ）が起きたときに「ほら、見たことか！」と奇妙な快哉を叫ぶためにあるわけでもない。

それは、不況や恐慌の必然性よりもある意味でもっと恐ろしい真実を明らかにしたものだった。その真実とは、不況は恒常化し貧富の格差が止めどもなく拡大してもなお、あるいは、恐慌が社会を襲い職にあぶれた人々が街中に溢れてもなお、あるいは、資本の増殖欲求を満たすために戦争が仕掛けられ罪なき人々の血が流され遺体が積み上がってもなお、あるいは、企業活動が公害を発生させ地球環境の危機が生態系そのものの存続を危機にさらしてもなお――それでも資本主義は終わらない、という真実である。

不合理だとわかっている、不条理だと知られている。それでもやめられない、止まらない。それどころか、資本主義は数々の危機を招き寄せながら、なおも深化する、そうならざるを得ないという真実を、マルクスは『資本論』で明らかにした。

ゆえに実は、「資本主義の危機」という言葉は適切ではない。マルクスに従って考えれば、資本主義社会とは、つねにすでに危機的である、あるいは危機をはらんでいる、もっと正確に言えば、危機をつねに招き寄せながら持続しているのである。だから、今日盛んに言われる「持続可能性」（sustainability、SDGsの「S」）とは、この危機が極限化して文明の持続可能性と衝突する事態を示唆している。資本主義は近代文明社会を築き上げたが、その資本主義のメカニズムによって文明に終止符が打たれようとしているという現実が、ここにはある。このメカニズムを最初に見抜き、徹底的に解明したのがマルクスだった。

本書は、マルクスの思想の解説書として書かれているが、その核心部を抽出することを目的とする。いま述べてきたように、マルクスの資本主義把握の最大の眼目は、それが際限なく深化するという性格をその本質として持っている、ということだと筆者は考える。そして、その深化を近代の人類は「進化」だと見なし、言祝《ことほ》いできた。

だが、このような価値観はもう通用しない。気候変動をはじめとするグローバルな環境危機はわれわれ人類が生存可能であるための自然的基盤を破壊しつつある一方で、資本が安い労働力を欲し、人間が豊かな生活を求めて生じる人口移動（移民）がもたらす軋轢《あつれき》は、生存のための社会的基盤を破壊しつつある。この問題をめぐって主にヨーロッパとアメリカで起きている社会不安と分断はあまりにも激しく、「多様性を受け入れよう」「多様な価値観に開かれよう」といった道徳的な掛け声や相互理解の実践によって乗り越え可能であるようには見えない状況にある。

これらの問題に対し、マルクスの議論を援用しながら分析を加えることは重要であるし、そのような試みは世界中の知識人たちによって数多くなされている。だが、本書で試みたいのは、こうした資本主義のもたらす危機が「社会問題化」する手前の次元を、マルクスの理論によってとらえることだ。われわれは、「社会」に目を向け、そこに「資本主義の問題」を見出す以前に、実はわれわれ自身が、つねにすでに資本主義によって深く深く搦めとられ、身も心も資本主義のロジックによって浸透されているのではないだろうか。

資本主義は深化する、と先に述べた。イメージ的に述べるならば、資本主義とは一つのシステムであり、それはそのシステムの外にあるものを自己のなかに次々と取り込んでゆく。「外にあるもの」とは、天然資源であったり、より一般的に自然環境であったり、あるいは人間が生きていくうえで取り結ぶ社会的関係であったりする。

さらには、単に取り込んだだけでは終わらない。資本は、資本独特の運動＝価値増殖に役立てるために、取り込んだ対象をその運動に適したものへと変容させる。取り込まれたものは、資本主義のロジックによって浸透され、変容させられる。資本主義が「深化する」とは、端的にこのことを指している。しかも、その変容＝深化がどこまで続けられるのかは、誰にもわからない。資本主義のロジックのなかに、その限度はない。

そして、われわれ一人一人の人間もまた、資本主義というシステムに取り込まれる対象なのだ。「資本主義的経済発展は地球環境を破壊する」と言われれば、われわれは「それは大問題だ」と言う。あるいは、「資本主義的経済発展によって都市の過密化と地方の過疎化が進む」と聞けば、「それは大問題だ」と言う。しかしながら同時に、それらの「問題」が我が身を直接的に脅かすものにならない限りでは、無関心でいることができる。だが、われわれ自身、自分そのものが、すでに資本主義によって取り込まれ、その破壊的作用を受け、身も心も資本主義のシステムに適した存在であるべく変容させられているのだとすれば、どうだろう。われわれはそれでも無関心でいることができるだろうか。

こうした問題意識から、本書でとらえたいのは、資本主義がわれわれ自身にどう浸透するのか、という問題である。言い換えれば、われわれの意識や感性、感覚、価値観、思考といった、普通われわれ一人一人が「自分のもの」であると信じて疑わないもののなかに、資本主義のロジックがどのように入り込んでいるのか、あるいはもっと言えば、それらを資本主義のロジックが形づくりさえしているのか、われわれ自身のなかで資本主義がどう深化しているのか——それをマルクスの理論を通じて検証することを通じて、マルクスの理論の最も重要な部分の理解を可能にすることを、本書では目指すのである。

目次

第二章　『資本論』の世界　49

第三章　「包摂」の概念、「包摂」の現在

第一章　思想家マルクスの誕生

ヘーゲル左派の一員として

本章では、マルクスの思想形成と業績について簡潔に紹介する。その生涯の歩みについては多くの文献が書かれ、ウィキペディアの日本語版にすら詳細な記述がされているので、思想形成にかかわる限りで最小限の言及にとどめたい。

マルクスは、一八一八年、プロイセン王国（現在のドイツ）のトリーアに生を享けた。マルクス家はユダヤ系であり、代々ラビ（ユダヤ教の聖職者）を務めてきたが、自由主義思想から影響を受けた父のハインリヒは、プロテスタントに改宗した弁護士であった。その生育環境は、自由主義的、進歩主義的で、中産階級的なものだったと言えよう。

青年になったマルクスは、ボン大学、ベルリン大学で法学を修めるが、本人の関心は文学、さらには哲学へと向けられるようになり、「デモクリトスとエピクロスの自然哲学の差異」と題された古代ギリシャ哲学についての論文により博士号を取得することになる。

この頃のマルクスは「ヘーゲル左派」あるいは「青年ヘーゲル派」と呼ばれる思想潮流の一員となっていた。ヘーゲル左派とは、近代西洋哲学のなかでも最重要人物と目されるゲオルク・ヴィルヘルム・フリードリヒ・ヘーゲル（一七七〇～一八三一年）の死後、その影響を受けた若い思想家たちの一派であった。

ヘーゲルの哲学は弁証法を基軸とし、人間の理性と自由の発展の必然性を説くものであったと一般的には言える。だが、その解釈を現実に適用しようとするとき、著しい立場の違いが現れたのである。

ヘーゲルの有名な言葉に「理性的なものは現実的であり、そして現実的なものは理性的である」（『法の哲学』）というものがある。これは、理性的なものこそが人間の歴史の歩みを通じて具体的に現実化するのだ、というヘーゲルの哲学的確信のエッセンスを端的に述べたものだと言える。

この立場によれば、人間の理性と自由の開花のための決定的な契機として若き日のヘーゲルを感激させたフランス革命のような出来事は、まさに「理性的なものが現実的に」なるための機会であると解釈されうる。この立場を徹底すれば、政治的には急進主義が帰結する。「理性的なもの」だけが「現実的である」のだとすれば、現に在る「理性的でないもの」「不合理なもの」は、本当は「現実的でないのだ」と解され、即座に破壊すべき対象と見なされるべきだということになる。

しかし、晩年のヘーゲルは、ベルリン大学総長に就任するなど、プロイセン王国の桂冠哲学者的な立場に取り立てられるようになっていた。当時のプロイセンはドイツ統一の核となる大国への道を歩みながらも、自由主義と反動主義が角逐《かくちく》を繰り広げ、立憲主義的な改革は停滞した状況にあった。そうした状況下で、自由主義的改革が必要であることへのヘーゲルの信念は揺るがなかったものの、自由の理念の実現方法については、過激主義や急進主義を戒める立場をとるようになった。見様によっては、国家権力に迎合して保守化したととらえられかねない立場をとっていたのである。

こうした文脈を念頭に置くと、「理性的なものは現実的であり、そして現実的なものは理性的である」という名文句の後半部、「現実的なものは理性的である」は、現状肯定主義的なニュアンスを帯びるかのごとくに見えてくる。すなわち、何であれ現に存在しているものは現に存在している以上、何らかの意味で理性的なのであって、闇雲に否定することはできないのだ、と。これを当時の現実に適用すると、反動主義的な国家体制や封建的な因習なども、それが現に存在する以上、何らかの合理性があるのであって否定することはできない、という結論が導かれることになる。

つまり、ヘーゲルの「この世界は一歩ずつ自由と理性の実現に向かって弁証法的に発展しつつある」という世界観は、急進主義的な解釈と保守的な解釈の両方を生み出しうる両義的なものだった。「理性的なものは現実的であり、そして現実的なものは理性的である」の前半部に重きを置けば、革命的なヘーゲルが、後半部に重きを置けば、現状肯定的なヘーゲルが現れる。この両義性は、ヘーゲルが一八三一年にコレラに罹患して急逝すると、その弟子たちのあいだでの学派の分裂というかたちで顕在化した。ヘーゲル左派、青年ヘーゲル派と呼ばれた思想家たちは、ヘーゲルの思想に「より多くの革命を」求めた人々だった。

人間が生産物に支配される――フォイエルバッハ「疎外」論の影響

マルクスの思想家としてのキャリアは、青年ヘーゲル派の一員として始まったと言える。とりわけ、マルクスが強い影響を受けた思想家は、ルートヴィヒ・フォイエルバッハだった。フォイエルバッハは、ヘーゲルに由来する「疎外」の概念をキリスト教批判に応用して、『キリスト教の本質』を著した。

「疎外」とは、あるものから生じたものが元のものから離れてそれと対立することを指す。フォイエルバッハに言わせれば、神の属性とされている「真・善・美・完全性」といったものは、本来人間の理想である。ところが宗教は、これらを神のものとすることによって人間には手の届かないところに置いてしまう。だから、神が偉大なものとして観念されればされるほど人間は卑小なものとして観念される。しかも、宗教組織は、これらの理想をいったん人の手の届かないところに置きながら、その理想からの相対的な距離によって人間に序列をつける。聖職者など神に相対的に近い者が貴く、しがない庶民は距離が遠いから卑しいとされる。あるいは、教会に多額の寄付を行なう富者は貴く、それができない貧者は卑しいとされる。つまり、本来人間が抱く理想から生じたはずのものが、権力や富の序列・階層・人間による人間の支配を正当化する道具になっている。神は人間から疎外されたものなのである。

このように論ずることによってフォイエルバッハは、キリスト教の理想を人類を導く道標として高く評価しながら、激しいキリスト教会批判を展開した。このような言論が当時どれほど勇気の要るものであったかは言うまでもないだろう。フォイエルバッハのほかにも、ヘーゲル左派の思想家たちは、ヘーゲルの創出した概念を拡張的に用いて、既成の権威、既存の権力に対して激しい批判を加えた。

フォイエルバッハのマルクスへの影響が最も色濃く見られる重要なテクストは、『経済学・哲学草稿』（以下『経哲草稿』と略記、一八四四年成立）である。学位取得後のマルクスは、『ライン新聞』の編集者を皮切りにジャーナリストとして仕事をしていたが、批判的な論調に対する当局の検閲が強化されるなかでしばしば言論弾圧事件が起き、一八四三年にはパリに移住してそこで新しい雑誌を出そうとしていた。

この時期に、マルクスは終生の友となる、フリードリヒ・エンゲルスと出会っている。エンゲルスはマルクスより二歳年下で、バルメン（現在のヴッパータール市の一部）の紡績工場主の息子だった。エンゲルスは、実家の家業に携わるなかで古典派経済学への関心を深め、イギリス滞在も経験し、『イギリスにおける労働者階級の状態』などを著していた。マルクスはエンゲルスの著述を高く評価し、自らも経済学への関心を深めてゆく。その成果となったのが『経哲草稿』である。

『経哲草稿』は、フォイエルバッハ由来の疎外の概念を資本主義化しつつある経済、とりわけ、資本主義社会のもとでの労働の分析に適用した議論を展開した。その要点は、本来人間は労働によって自らの生活に必要なものをつくり出す、つまり労働は人間の生活を豊かにするはずのものであるのに、資本主義社会では労働力が商品化され、労働過程とその生産物が利潤追求の道具となるために、働く者は自らの労働の主人でなくなってしまう、というところにある。さらに、資本主義的な分業や生産過程の機械化が進むと、労働者は断片化され単調で苦痛の多い作業を強いられる。さらに、資本主義社会の全体を俯瞰して見れば、資本は元をたどれば商品であり労働者の労働の産物なのであるから、社会が資本主義化すればするほど労働者は自らの生産したものによって深く支配されることになる。これらすべてをマルクスは「疎外」としてとらえたのである。

ここには後の『資本論』にまでつながる重要な内容が含まれていたと言える。資本主義的生産様式が社会に広がってゆくことにより、社会の生産力は増大する。つまり、労働生産物は増大し、社会は豊かになる。アダム・スミスに始まるイギリスの古典派経済学は、封建制によって制約・束縛されていた人間の社会的関係・生産関係が資本主義の発展によって解放され、社会の生産力が上昇することを歓迎した。マルクスが着目したのは、その影の部分であった。

重要なのは、今日でも「格差社会批判」としてよく言われるように、資本主義が発展するなかで貧富の格差が生じるということのみではない。マルクスが疎外の概念によって強調したのは、労働の仕方、労働における指揮や命令、労働の意味など、人間にとっての働くことの在り方全般が、資本主義のもとで全面的につくり変えられ、その結果、人間がその生産物によって支配されるようになる、という事実だった。

この観点が重要なのは、資本主義の発展による生産力の向上によって、人類は大体において物質的に豊かになるのだからそれでよいではないか、という近代の人間の多くが抱いている思い込みを、根源から批判するものであるためだ。われわれは自分を豊かにするために働き、何かをつくり出しているはずなのに、逆にそのつくり出されたものによって支配されてしまうという逆説的な状況を資本主義社会は生み出す。そのことをマルクスは疎外と呼んだのであって、われわれの物質的生活が満足すべき豊かさに到達したとしても、この疎外からわれわれは逃れるわけではないことをマルクスは示唆したのだった。

「人間の本質とは、社会的諸関係の総体である」──フォイエルバッハ批判

このようにフォイエルバッハに深く傾倒していたマルクスだったが、ほどなくしてフォイエルバッハ、さらにはヘーゲル左派一般の立場に対する批判的な視点を確立する。それを示しているのが、いずれもエンゲルスとともに執筆した『フォイエルバッハに関するテーゼ』（一八四五年）と『ドイツ・イデオロギー』（一八四五〜四六年）であり、この二つのテクストには、マルクスが先人の思想の影響から脱して「史的唯物論」と後世呼ばれることになる独自の世界観・思想的立場を生み出すに至る苦闘の痕跡が刻み込まれている。

マルクス＝エンゲルスのフォイエルバッハ批判の要点は次のようなものだ。確かにフォイエルバッハは、神の本質を人間の理想の疎外態だと見抜くことによって、神を地上に引きずり降ろして人間中心主義を宣言した。しかし、その際の「人間」の概念は抽象的であり、その限りで人間を神棚に祀《まつ》ったにすぎないとも言える。経済学の研究を進めてきたマルクスは、人間をその具体性の位相からとらえるためには、人間の本質を固定化された抽象に還元するのではなく、人間が現実に生きている社会的関係のなかでとらえなければならないという境地に達する。

この立場を表明したのが、「フォイエルバッハは宗教の本質を人間の本質へと解消する。

しかし、人間の本質とは、個々の個人の内部に宿る抽象物なのではない。それは、その現実の在り方においては、社会的諸関係の総体なのである」という有名な文句であった（「フォイエルバッハに関するテーゼ」、第六テーゼ、『新編輯版　ドイツ・イデオロギー』岩波文庫、二三七頁）。ゆえに、「社会的諸関係」を研究しなければならないのであり、「社会的諸関係」のなかで最も重要なものが、人間の生活を成り立たしめる経済活動における諸関係にほかならない。

「イデオロギー」の革新的見解

この視角が史的唯物論の起点となり、『資本論』を貫く理論的支柱ともなるのだが、その概要は後に述べることとして、マルクス゠エンゲルスがこのとき到達したヘーゲル左派に対する批判的視点に触れておこう。マルクス゠エンゲルスは、マックス・シュティルナーやブルーノ・バウアーといったヘーゲル左派の思想家たちをここで批判の俎上《そじょう》にのせたが、マルクス゠エンゲルス自身がヘーゲル左派であったのだから、それは一種の自己批判でもあったと言える。

この頃マルクス゠エンゲルスを含む多くのドイツ人の亡命社会主義者たちは、政治的抑圧からパリにも居られなくなりベルギーのブリュッセルへと移っていたが、ヘーゲル左派の思想の急進化は、マルクス゠エンゲルスの目にはドイツの政治および経済の後進性の代償であると映るようになっていた。つまり、観念のみが急進的に発達して挙げ句は観念上の闘争が現実の闘争と取り違えられるようにすらなっているが、それは現実社会での闘争ができない無力さの埋め合わせなのだ、と。

このように、現実の後進性を糊塗し、自らを慰めるためのものに堕している思想の在り方を「ドイツ的な観念」、すなわち「ドイツ・イデオロギー」と呼んで、マルクス＝エンゲルスは否定し去ろうとした。もっと踏み込んで言えば、「世界精神」の実現を語り、その担い手をプロイセン国家に見ようとしたヘーゲル哲学こそ「ドイツ・イデオロギー」の最たるものであり、ゆえにマルクスは後に『資本論』で「逆立ちしているヘーゲルの弁証法を足で立たせる」と宣言することになる。

重要なことには、もともとは人間の持つ観念に対する研究を意味するにすぎなかった「イデオロギー」という言葉は、『ドイツ・イデオロギー』によって永久に意味を変更され、政治や社会に関する言説を分析する際に不可欠な概念となった。

「イデオロギー」は多義的であり、今日でもこの言葉の定義について、世界的に一致した合意を形成することなど不可能なのだが、どのように定義するにせよ、ここでマルクス＝エンゲルスがこの言葉を用いて示した洞察が決定的な意義を持つことについては、合意が得られるだろう。

その洞察の核心は、人間の精神的活動の産物である観念、あるいはその活動そのものが、物質的なものによってとらわれている、という主張にある。われわれは知らず知らずのうちに、自由に思考し自由に発言しているつもりで、自分の属する特定の社会集団の利害の代弁者となっていたり、自らの置かれている特定の歴史的文脈によって強いられるものの観方を受け入れていたりする。要するに、われわれは精神的活動において、決して自由ではない。そして、こうした被拘束性を超越しているかのように思いなす思想こそ、批判されるべき「イデオロギー」の最たるものにほかならないのである。逆に言えば、マルクスの唯物論とはこの被拘束性に対する自覚を出発点とし、その拘束をもたらすものの分析を可能にするものだと定義しうるであろう。

かくして、「イデオロギー」についてのマルクス＝エンゲルスの革新的見解は、フォイエルバッハに対する批判と基本的に同形のものであることが理解できるだろう。以上の理路からマルクス＝エンゲルスは、観念的自由の思い込みに対する批判であり、その超克であるところの「実践」の意義を説く。

だが、革命は人間の脳内で起きても意味はなく、現実世界で起きなければならないのは当然にすぎることだが、ならば、革命を導く観念はいかにして可能であるのか。何らかの観念に導かれなければ革命は不可能だとすれば、観念的急進主義にとって代わる何らかの観念が必要であることもまた確かである。一八四八年にマルクス＝エンゲルスの共著として書かれた『共産党宣言』は、この問いに対する答えとして読むことができる。

社会は自己内部の矛盾によって変化する――『共産党宣言』

このテクストは、一八四七年に結成された共産主義革命を目指す秘密結社、「共産主義者同盟」の綱領として書かれた。この組織は、マルクスがフランスのピエール・ジョセフ・プルードンやドイツ出身のヴィルヘルム・ヴァイトリングら他の社会主義者と派閥抗争を繰り広げているなかで、加盟したものだった。

『共産党宣言』は、「ヨーロッパに幽霊が出る――共産主義という幽霊である。ふるいヨーロッパのすべての強国は、この幽霊を退治しようとして神聖な同盟を結んでいる、法皇とツァー、メッテルニヒとギゾー、フランス急進派とドイツ官憲」という名高い書き出しで始まり、「万国のプロレタリア団結せよ！」のこれまた名高い文句で締め括られる小冊子だが、そこに盛られた共産主義社会への展望、その根拠となる歴史観は、後代への影響という観点からしても、きわめて重要だった。

その歴史観は、ヘーゲル弁証法の唯物論的応用であったと言える。マルクスは「今日まであらゆる社会の歴史は、階級闘争の歴史である」と宣言したうえで、ブルジョア階級（資本家階級）が支配するものとなった資本主義社会の革命性を強調する。なぜなら、それは従来の封建的、家父長制的な社会的諸関係を破壊してきたのであり、破壊し続けるからだ。きわめて大摑みに言えば、資本主義以前の前近代社会は、毎年同じことが繰り返され、ひとりの人間の生き方も祖先と同じように生きることが推奨される（しばしば強制される）保守的・現状維持的社会である。これに対して、近代以降の資本主義社会は変化が常態となる。そこでは、従前の社会的諸関係は継続的に破壊され、更新され続けるかに見える。

こうしたメカニズムがなぜ必然化されるのかについては、『資本論』の論理をたどりつつ明らかにするが、ここで確認しておきたいのは、マルクスが資本主義の持つこの一種の破壊性に、ヘーゲルの構想した理性と自由が実現する場としての歴史、つまり歴史の弁証法的動態性の原動力を見ていたことだ。資本主義社会の主役であるブルジョア階級が世界を一変させつつあることを語った後、マルクスは次のように書く。

だが、われわれが知ったこととは、ブルジョア階級の成長の土台をなす生産手段や交通手段は、封建社会のなかで作られたということである。この生産手段と交通手段の発展がある段階に達すると、封建社会の生産や交換がおこなわれていた諸関係、農業と工場手工業《マニュファクチャ》の封建的体制、一言でいえば封建的所有関係は、そのときまでに発展した生産諸力にもはや適合しなくなった。それは、生産を促進しないで、阻害するようになった。それはいずれもみな変じて足かせとなった。それは粉砕されねばならなかった、そして粉砕された。

それに代って自由競争があらわれた。これにともなって、それに適当した社会的ならびに政治的制度があらわれ、ブルジョア階級の経済的ならびに政治的支配があらわれた。

（『共産党宣言』、岩波文庫、四六頁）


マルクスからすれば、歴史を動かすものは、ヘーゲルの思い描いた精神の自己運動などではない。しかし、ヘーゲルの弁証法的歴史観は、重要なヴィジョンを含んでいた。それは、ある一つの社会は、外的な力によって変化するのではなく、自己内部の矛盾によって変化するという観方である。右の引用部で語られているのは、封建社会の内部で生産諸力（生産手段と交通手段）が発展すると、それが封建社会の社会的諸関係（生産関係）と矛盾するようになり、やがて社会的諸関係が破壊されるに至った、それが封建社会から近代資本主義社会への転換の土台となったメカニズムである、ということだ。この「破壊」の劇的な表れはもちろん、フランス革命を典型とする市民（ブルジョア）革命である。

そして、社会の変化、転換の運動はここにとどまらない。マルクスは次のように続ける。

われわれの眼のまえに、その同じ運動が進行している。ブルジョア的生産ならびに交通諸関係、ブルジョア的所有諸関係、かくも巨大な生産手段や交通手段を魔法で呼び出した近代ブルジョア社会は、自分が呼び出した地下の悪魔をもう使いこなせなくなった魔法使に似ている。数十年来の工業および商業の歴史は、まさしく、近代的生産諸関係に対する、ブルジョア階級とその支配の生存条件である所有諸関係に対する、近代的生産諸力の反逆の歴史にほかならない。ここには、かの商業恐慌をあげれば充分である。

(同前、四六〜四七頁)

封建社会の内的矛盾から近代資本主義社会が生まれたように、資本主義社会もその内的矛盾によって次の段階の社会へと転換する、というヴィジョンをマルクスはここで語っている。そして、資本主義社会は生産力を不断に増大させることを運命づけられた社会なのだ。ゆえに、生産諸力と生産関係の矛盾は、封建社会が資本主義社会へと転換したとき、言い換えれば、前近代社会が近代社会へと転換したときよりもはるかに急速に昂進するはずである。「次の段階の社会」の到来は間近に迫っているのであり、その社会とは社会主義社会、さらには社会主義社会がより高次に発展したものとしての共産主義社会である。資本主義が発展し、その内的矛盾が深まれば深まるほど、この転換は近づくわけである。

社会主義思想と運動の時代

こうした歴史の観方は、この時代の社会主義者たちのイデオロギーや歴史観、そしてそれらと密接不可分の関係を持つ政治方針や実践上の戦術といった見解の分かれる問題に対して、マルクスがどのようなスタンスをとろうとしたのかを物語っている。

マルクスの生きた時代のヨーロッパは、封建制社会が崩壊して資本主義が急速に発展した時代であったのと同時に、社会主義思想と運動の時代でもあった。フランスではシャルル・フーリエ（一七七二～一八三七年）、ルイ・オーギュスト・ブランキ（一八〇五～一八八一年）、ピエール・ジョセフ・プルードン（一八〇九～一八六五年）、イギリスではロバート・オウエン（一七七一～一八五八年）、ロシアではアレクサンドル・ゲルツェン（一八一二～一八七〇年）、ミハイル・バクーニン（一八一四～一八七六年）ら、著名なアナキスト・社会主義者・共産主義者が現れ活躍した。ドイツ社会民主党の元型となる組織を創設し、マルクスとは不仲だったフェルディナント・ラッサール（一八二五～一八六四年）もマルクスから七歳年下の同時代人であった。

これらの人々は、資本主義の発展がもたらす諸問題を強く意識していたという意味では共通していたが、それに対してどう抗すべきか、また資本主義社会の諸問題をどう乗り越えるべきか、という課題に対する見解はさまざまであった。例えば、オウエンは自身が工場主であったが、労働者の待遇を改善することが生産物の品質向上や生産性にも寄与し、資本家の利益にもつながると考え、実践した。あるいは、労働者の団結を促進し労働組合を通じて政府に圧力をかけることにより、資本主義の発展を緩めさせたり、発展の方向性を変化させ、より公正な社会を実現させるべきだ、という改良主義的な考え方が当然あった。

また、歴史の発展のあるべき方向性・経路についての考え方もさまざまであった。例えば、専制政治と農奴制のロシアから亡命して先進国フランスに渡ったゲルツェンは、ブルジョア階級によって支配された西欧社会にも幻滅し、母国ロシアはブルジョア的発展の段階を飛び越して農村の相互扶助を基盤とした社会主義に到達するべきだとする人民主義（ナロードニキ主義）の思想を説いた。

『共産党宣言』に示されたマルクスの見解は、これらの社会改良案や社会発展論とはまったく異なるものだった。それは歴史観が根本的に異なるためであり、資本主義というシステムに対する認識が異なるためであろう。マルクスは、何らかの人為的な手段によって、資本主義の発展の進む方向を変えさせたり、ある段階を飛び越えさせたりできるとは考えず、そのような考え方を明確に否定した。資本主義が崩れるのは、それ自身の持つ内的矛盾によってのみである、と。

この考え方は、ある意味では人間の役割を否定するものにも見える。誰がどう頑張ろうと資本主義が世界全体を覆い尽くしてゆくことは止められやしないのだ、と。この資本主義観が正当であることは、後の歴史が証明しているようにも感じられる。グローバル化とはまさにそのような事態であったからだ。

だが、それ以上に重要なのは、マルクスの資本主義把握が、他の社会主義者の誰よりも厳しいものだった、ということだ。資本主義のシステムは、人為的な努力によって根本的な改良を施すことのできるものではない。それは、それ自身の持つロジックにのみ従って、社会を、さらには地球を丸ごと呑み込んでゆくものであり、そうあるほかないものなのだ、と。言い換えれば、資本主義は間違いなく人間社会が生み出したものであるにもかかわらず、人間の意思を超えて作用するシステムにほかならない。したがって、資本主義をつき崩すものは、人為的な改良や改善ではなく、人為を超えて到来する革命であるほかない。この認識が後の『資本論』の出発点となっており、同書に他に類を見ない洞察力を与えることになったのであった。

労働者は資本主義の墓掘人

しかし、資本主義の発展の論理の貫徹に人間の無力を見ることは、『共産党宣言』の結論ではない。資本主義の内的矛盾のみが資本主義を破壊すると語る一方で、マルクスは労働者階級（プロレタリアート）をその矛盾の具現と見た。ゆえに同書は、名高い「万国のプロレタリア団結せよ！」の呼び掛けによって締め括られるのである。

　そして今日問わなければならないが、プロレタリアとは誰であろうか。マルクスの時代に念頭に置かれていたのは、生産手段を奪われ、農村で食い詰めて都市に流れてきた、食うや食わずの賃金しか得ることのできないその日暮らしの労働者であった。二〇世紀を経て先進国の労働者階級は中流階級化したが、新自由主義化が進んだ今日、再び元の姿へと戻されつつある。雇用の脱正規化と呼ばれる現象はその典型的現れである。それが物語るのは、賃労働に従事している限り、給与の多寡にかかわらず、労働者は労働者であり、依然として資本主義の内的矛盾そのものの体現でありうる、ということだ。それがどのような意味においてであるかは、後の章で見ることにしたい。ここで確認すべきは、われわれは労働者である限り、この矛盾の体現であり、したがって無力であるどころか、資本主義の墓掘人であるとマルクスが宣言した、という事実である。

　以上の歴史観から、『共産党宣言』は「二段階革命論」と呼ばれる革命論を打ち出した。すなわち、どの国、社会でも、第一に封建制の社会秩序を破壊するブルジョア革命が必要であり、それによりブルジョア民主主義と資本主義の飛躍的発展が可能になる。そして、資本主義が十全に発展した先のどこかの時点で、資本主義社会の内的矛盾が高まり、それ以上の発展が不可能になる。そのとき、社会主義革命が可能になる。社会主義革命は、労働者階級を権力の座に就け、生産手段の私有、大土地所有の禁止等の政策を実行することによって資本主義を廃絶し、階級支配を廃絶する。この労働者階級による支配と、それによる資本主義の廃絶が行なわれる過程の段階を、後にマルクスは「プロレタリア独裁」と呼ぶことになる。その過程が完成し、高度な自由と平等、豊かさが実現された社会が共産主義社会である。この考え方、発展観は、後代のマルクス主義者たちに強い影響を及ぼすこととなった。

上部構造と下部構造――『経済学批判』

マルクス＝エンゲルスが『共産党宣言』を書いた直後、一八四八年革命がヨーロッパ各地で起こった。ブリュッセルに居たマルクスは、同年三月革命に参加すべくパリに向かい、さらに四月にはプロイセン領・ケルンに入り、革命的煽動を行なうために『新ライン新聞』を創刊する。しかし、革命は退潮し、六月にはマルクスは再び亡命を決意、最初フランスへ向かうがそこは安住の地にはなり得ず、イギリス・ロンドンに向かった。結果的に、マルクスはロンドンに腰を落ち着け、生涯を終えるまで暮らすこととなる。『新ライン新聞』

に私財のすべてを注ぎ込んだマルクスは、妻子を抱えながらほぼ一文無しになっていた。間もなくロンドンにはエンゲルスもやってきたが、この後もつねに困窮状態にあったマルクスとその家族を経済的に支えたのは、家業に復帰してマンチェスターで働いた彼であった。

ロンドン時代のマルクスは、一八四八年革命では効果的な活動ができなかった共産主義者同盟の再建を試みたり、ヨーロッパの多数の国の労働者と社会主義者たちが一八六四年に創設した国際労働者協会（第一インターナショナル）において幹部として活動するなど、革命家としての活動を止めたわけではなかったが、本書でその細部について紹介することは避ける。また、この時代のマルクスは『ルイ・ボナパルトのブリュメール18日』や『フランスにおける内乱』など後世名高い政治評論の傑作を執筆しているが、本書ではそれらについては詳述しない。というのも、ロンドンに腰を落ち着けてからのマルクスの活動は、革命運動から経済学の研究へと重心を移してゆき、その蓄積が『資本論』に結実するからである。

マルクスの経済学研究の本格化の最初の成果は、『経済学批判』（一八五九年）として世に問われた。この書物は、『資本論』でさらに詳細に展開されることになる商品分析等の内容を含むと同時に、その「序言」で「史的唯物論の定式」と呼ばれるようになる社会観・歴史観を提示していることで有名である。この「定式」は、『フォイエルバッハに関するテーゼ』『ドイツ・イデオロギー』『共産党宣言』といった著述を通じて練り上げられてきたマルクスの視座を集大成したものであると言える。やや長いが、重要なものであり、かつ問題含みのものでもあるので、よく見ておきたい。

人間は、その生活の社会的生産において、一定の、必然的な、かれらの意志から独立した諸関係を、つまりかれらの物質的生産諸力の一定の発展段階に対応する生産諸関係を、とりむすぶ。この生産諸関係の総体は社会の経済的機構を形づくっており、これが現実の土台となって、そのうえに、法律的、政治的上部構造がそびえたち、また、一定の社会的意識諸形態は、この現実の土台に対応している。物質的生活の生産様式は、社会的、政治的、精神的生活諸過程一般を制約する。人間の意識がその存在を規定するのではなくて、逆に、人間の社会的存在がその意識を規定するのである。

（『経済学批判』、岩波文庫、一三頁）

この部分は、上部構造、下部構造（＝土台）という、マルクス以降の社会科学・人文学で常識となる概念を提示している。上部構造とは、法律や政治制度、さらには人間の意識、精神的なもの（したがって文化も含む）を指すものであることはすぐに理解できるだろう。それに対し、これらの土台となる下部構造は「経済的なもの」である。

だが、マルクスがここで言っている「経済的なもの」とは何であるのか、話はそう単純ではない。右の引用部で、上部構造がよって立つ土台は、「経済的機構」であり、「経済的機構」を形づくるのは「生産諸関係の総体」であると言っている。とすれば、下部構造（＝経済的なもの）のなかにもさらに階層がある、と解釈できる。そして、「生産諸関係の総体」は「物質的生産諸力の一定の発展段階に対応する」とあるのだから、下部構造のなかの下部構造、下部構造における最も根本的な要因は、「生産諸力」に見出される、と解釈したくなる。因果関係を逆にたどれば、生産諸力が生産諸関係を規定し、生産諸関係が経済的機構を規定し、それを土台として自余の人間の一切の活動が行なわれる、ということになる。つまり、人間社会の在り方を規定している最も重要な要因は、いわゆる生産力である、ということになる。

マルクスは次のように続ける。

> 社会の物質的生産諸力は、その発展がある段階にたっすると、いままでそれがそのなかで動いてきた既存の生産諸関係、あるいはその法的表現にすぎない所有諸関係と矛盾するようになる。これらの諸関係は、生産諸力の発展諸形態からその桎梏《しっこく》へと一

変する。このとき社会革命の時期がはじまるのである。経済的基礎の変化につれて、巨大な上部構造全体が、徐々にせよ急激にせよ、くつがえる。（中略）一つの社会構成は、すべての生産諸力がそのなかではもう発展の余地がないほどに発展しないうちは崩壊することはけっしてなく、また新しいより高度な生産諸関係は、その物質的な存在諸条件が古い社会の胎内で孵化しおわるまでは、古いものにとってかわることはけっしてない。（同前、一三〜一四頁）

これは『共産党宣言』でも語られていた社会革命のメカニズムの再説である。ここにも生産力の発展こそ革命の根本的原動力である、という論理構成が見て取れる。この考え方を人類の過去の歴史全般に適用し、さらには人類の未来にまで敷衍《ふえん》したのが次の部分である。

大ざっぱにいって、経済的社会構成が進歩してゆく段階として、アジア的、古代的、封建的、および近代ブルジョア的生産様式をあげることができる。ブルジョア的生産諸関係は、社会的生産過程の敵対的な、といっても個人的な敵対の意味ではなく、諸個人の社会的生活諸条件から生じてくる敵対という意味での敵対的な、形態の最後のものである。しかし、ブルジョア社会の胎内で発展しつつある生産諸力は、同時にこの敵対関係の解決のための物質的諸条件をもつくりだす。だからこの社会構成をもって、人間社会の前史はおわりをつげるのである。（同前、一四〜一五頁）

『共産党宣言』において、人類史は階級闘争の歴史である、とマルクスは述べていた。ここでのマルクスは、そのようなものとしての歴史を「人間社会の前史」と呼んでいる。支配する者とされる者が争い合う歴史は、たとえ権力者の交代があっても支配する者とされる者が存在することには変わりがない。そしてマルクスは、人間による人間の支配がある限り、それは本来の意味での人間の社会ではないのだ、と暗に言っている。その支配がなくなったときにはじめて、人間の本当の意味での歴史が始まるのだ、と。共産主義社会とは、そのような支配なき社会を指すものだ、とも言える。

以上の叙述を追ってきたとき、それでは理想郷としての共産主義社会の実現のためには、何が最も重要であることになるだろうか。素直に答えるならば、そのキーは生産力に求められるであろう。社会の在り方を根本的に規定するのは、下部構造＝「経済的なもの」であり、その下部構造のなかでも決定的な要因は「生産諸力」に見出されていたからだ。であるとすれば、理想郷に近づくためには、生産力の向上をひたすらめざさなければならない、ということになる。

「生産力至上主義」への疑義

このような考え方は「生産力至上主義」と呼ばれ、かつてのマルクス主義においてはきわめて有力な考え方だった。またそれは、一九一七年のロシア革命によって、マルクス主義を国是とした国家、ソヴィエト連邦が成立すると、現実による裏づけを得たかのように思われた。一九二九年に世界大恐慌が発生して、先進資本主義諸国が軒並み大不況に陥ったなかで、ソ連は計画経済によって堅調な経済成長に成功したからである。そうした状況下で、世界中のマルクス主義者たちの多くが、「社会主義は経済秩序の合理的統制によって資本主義よりも生産力を高度に発展させることができるのだ」「資本主義は生産力の発展にとっていまや桎梏となっており、社会主義によってこそ資本主義が押しとどめている生産力を解放することができる」という論理によって社会主義の正当性を弁証しようとした。

しかし、この論理は今日、三つの側面から見て、説得力を失っている。一つには、ソ連型社会主義は、ある時期までは確かに生産力の発展の実現に成功していたが、二〇世紀後半になると行き詰まりを迎え、一九九一年にはついにソ連が体制崩壊するに至ってしまった。生産力の発展を社会主義の優位性の根拠とする考え方は、ソ連の社会主義をマルクスの考えの正統継承者であると見なす限り、成り立たなくなった。

もう一つには、生産力の発展を社会の進化と同一視するような見方に対する疑義が、高まってきたことによる。「史的唯物論の定式」に従えば、生産力を発展させればさせるほど、資本主義は社会主義に近づき、社会主義は共産主義に近づくはずである。しかし、先進資本主義国が消費社会化してきた一九六〇~七〇年代頃から、マルクス主義者たちのあいだで、このテーゼに対する懐疑が芽生えてくる。

その代表が、フランスの社会学者、ジャン・ボードリヤールによる消費社会の分析と批判であったが、その理論の要点は、次のようなものだった。すなわち、社会の生産力が全般的に高まって商品があふれるようになったとき、人々の欲望が満たされた状態になれば、商品が売れなくなってしまう。したがって、いくら消費をしても欲求不満であるような精神状態を人為的につくり出すことによって、資本主義は駆動しなければならなくなる。そのような段階に達した社会が消費社会と呼ばれるものであり、それは永久の欲求不満という新しいかたちの疎外なのだ、と。つまり、生産力の発展が人間の幸福に即座につながるものと見なすような考え方は、今日成り立たなくなった。

三つ目には、より最近のエコロジー危機を挙げなければならない。生産力を無限に上昇させ続けることがエコロジー的破滅を意味することは、もはや言うまでもないだろう。このような意味でも、「史的唯物論の定式」に見られるような生産力の発展を社会の進化と同一視するような価値観は今日通用し得ない。

技術が社会の在り方を決めているのではない

してみれば、マルクスが研究の「導きの糸」と呼んだこの公式は、今日意義が見出しがたいものなのであろうか。前にも述べたように、生産力が持続的に向上し続けるような社会は、近代資本主義社会のみである。前近代社会においては、生産力の発展は緩慢にしか進まないか、あるいはまったく進まない。拙著『武器としての「資本論」』（東洋経済新報社、二〇二〇年）にも書いたが、例えば封建社会においては生産力の向上が抑制されるように作用する社会的機制、すなわち生産関係が存在していた。つまり、近代資本主義以前の世界では、生産力が生産関係を決定するのではなく、むしろ生産関係が生産力を決定していたかのように見える。

マルクスの先の引用部冒頭をもう一度見てみよう。「人間は、その生活の社会的生産において、一定の、必然的な、かれらの意志から独立した諸関係を、つまりかれらの物質的生産諸力の一定の発展段階に対応する生産諸関係を、とりむすぶ」。

「生産諸関係」は、「生産諸力の一定の発展段階に対応」している。つまり、厳密に言えば、生産力と生産関係の間には、因果関係というよりも「対応」の関係がある、とマルクスはここで述べている。ゆえに、マルクスのここでの記述には一種の揺れがあると見ることもできよう。すなわち、歴史の大枠の見方としては、生産力が生産関係を規定することによって社会の下部構造を構成しており、したがって生産力の発展が、古代社会から、封建社会、近代資本主義社会を経て、社会主義・共産主義社会への移行をもたらす、という展望を示している一方で、生産関係と生産力との関係は後者が前者を単純に決定するというものではなく、両者は「対応」の関係にある、と述べている。

この「揺れ」をどう見るか。その答えは、『資本論』を検討するなかで探すことにしよう。ここで確認しておきたいのは、生産力至上主義は必然的に技術決定論と等しくなる、ということだ。なぜなら、生産力の水準を決定するのは技術の水準であるに違いないからだ。そして、技術決定論は資本主義社会である現代社会において、きわめて有力なイデオロギーである。「コンピューターが導入されると……」「ITが導入されると……」「AIが導入されると……」といった具合に、時々の新奇な技術が社会の在り方を一変させ決定するという見方ほど、ありふれたものはない。

この考え方には大きな逆説が含まれている。確かに、新技術の導入により、ある産業が消滅したり、労働の仕方が変わったり、それに伴って雇用形態が変わったり、という意味で社会の在り方は変化する。しかし同時に、これらの変化は、生産力の絶えざる向上の追求というつねに同一の動機によってもたらされるものだ。その意味で、資本主義社会はつねに変化しているように見えて、つねに同じ原理によって貫かれており、何も変わっていない。したがって実は、技術が社会の在り方を決めているのではない。逆に、資本主義社会という社会の特定の在り方が絶えざる技術革新を要求しているのである。

また、技術決定論として現れる生産力決定論は、資本主義から社会主義・共産主義への移行の可能性についての難問を突きつけるものでもある。すなわち、「史的唯物論の定式」は人類がその前史から脱して人間による人間の支配のない社会の到来の条件を、生産力の十分な発展に見出していた。そのときに問題になるのは、その「十分な」とは具体的にどのような水準を指すのか、という問いである。例えば、自動車が開発されたら社会主義が可能になるのか、地下鉄が開発されたら可能になるのか、原子力発電が開発されたら可能になるのか、携帯電話が開発されたら可能になるのか、ロボットが開発されたら可能になるのか等々、こうした問いは数限りなく立てることができるが、それはこれらの問いが無意味であることの証左である。つまり、技術＝生産力の水準は、それ自体が資本主義的生産様式の超克を意味するものではない。マルクスは『資本論』において、技術の進化は資本主義社会においては労働者の解放のために用いられることはないと分析しているが、この論点は、生産力決定論の実質的な否定を示唆している。

後世への影響

次章では『資本論』の内容に立ち入って、なぜ資本主義社会が生産力の向上を至上命令とするのかを理解し、第三章ではそのことが人間の在り方と人間同士の関係にまでどのように影響を及ぼしてくるのかを考察するが、本章の最後に、マルクスの生涯を見届け、彼の思想の後世への影響を概観しておきたい。

マルクスは一八六七年に『資本論』第一巻を刊行する。結局のところ、『資本論』のうちマルクス自らが世に送ることができたのは、この第一巻（岩波文庫では第一分冊から第三分冊までに相当）のみであった。『資本論』は、資本主義社会をその最小単位から説き起こして、全基礎構造を網羅的に記述しようとした試みであった。その完成に向けて、第一巻刊行後のマルクスは、引き続き大英博物館の図書館にこもって研究をひたすらに続けた。だが、その作業はなかなかまとまらず、さらには一八七三年頃から病気をかかえるようにもなる。そして『資本論』を完成させられないまま、一八八三年三月一四日、マルクスは六四歳の生涯を閉じる。

盟友エンゲルスの許には膨大な草稿が遺された。マルクスの直筆原稿は凄まじい悪筆によって書かれていたので、判読できたのはエンゲルスだけであったと言われる。エンゲルスは視力を低下させてまで草稿の編集作業に尽力し、一八八五年には『資本論』第二巻が、一八九四年には第三巻が刊行された。

マルクスの思想がたどった運命は数奇なものだったと言えるかもしれない。一九世紀には社会主義思想家が数え切れないほどいたなかで、マルクスの名声と影響力は没後にますます高まり、やがてマルクス主義という革命思想の包括的な体系が生み出されるに至る。二〇世紀に入ると、マルクス主義は社会主義思想のなかで際立って優勢なものとなったが、それは、エンゲルスの著書『空想から科学へ』の標題に表れているように、マルクスの社会分析・資本主義分析が、他の思想家と比較を絶するほど深く資本主義社会の本質を抉る「科学的」なものだと受け止められ、またしたがって、マルクスの提示した革命への展望も正確なものとして受け止められた結果であった。

そして、マルクス主義の影響力拡大を決定づけたのは、一九一七年のロシア革命だった。ヴラジーミル・イリッチ・レーニンらロシアのマルクス主義者たちは、彼ら特有のマルクス解釈に基づいて社会主義革命を決行し、マルクス主義に基づくと称する国家（ソヴィエト連邦）を建設する。さらに、第二次世界大戦では連合国側についたソ連は、大戦後には広く東欧地域にソ連型社会主義の国家を成立させ、影響下に置く。また、一九四九年には毛沢東率いる中国共産党が国共内戦に勝利して、社会主義体制を標榜する中華人民共和国を成立させる。

こうして、二〇世紀半ばから後半にかけては、ソ連を盟主とするマルクス主義国家群（東側）とアメリカ合衆国を盟主とする自由主義・資本主義国家群（西側）が、お互いに核兵器を突きつけながら睨み合い、時に戦火を交える（朝鮮戦争やベトナム戦争等）東西対立の構図が成立したが、ここまでマルクス主義が有力なものとなった背景は、二つの帝国主義世界戦争（第一次および第二次世界大戦）にほかならなかった。資本主義の矛盾が、総力戦という近代資本主義が急速に発展させた生産力と技術力を殺戮行為に総動員して戦われる戦争として現れたとき、マルクス主義思想は資本主義を超克する道を「科学」として示しているる福音であるかのように見えたのである。

しかし、先述の通り、二〇世紀も末に入ってくるとソ連は行き詰まり、一九九一年には崩壊してしまう。また、ソ連と並ぶもう一つのマルクス主義大国となった中華人民共和国も、改革開放路線の採用によって、「社会主義市場経済」と称する実質的な資本主義経済の導入へと舵を切る。

こうした変転を背景に、一九九〇年代にはマルクス主義もマルクス思想も「過去のもの」ととらえられる傾向が強くなった。しかしながら、一九九〇年代を席巻した、「グローバル資本主義は世界中の人間を豊かで幸福にする」という命題は、二〇〇八年のリーマン・

ショックのような経済危機、そして先進国における中流階級の没落と格差の拡大、それに伴う社会不安の蔓延といった現実のなかで、批判を免れ得るものでは到底なくなった。

そうしたなかで、資本主義のメカニズムを分析するグランド・セオリーとしてのマルクス理論は、繰り返し呼び出される運命にある。それはなぜなのだろうか。本章で見てきたように、それはマルクスが資本主義の時代を人類史のなかの一時代として見ていた、言い換えれば、やがて過ぎ去るものとして見ていたという人類史的な視点のためではないだろうか。資本主義社会のなかに現に生きているわれわれが無意識的に自明のものとして見てしまう事象が、この人類史的視点のフィルターを通して見られると、相対化され、決して自明ではないもの（資本主義社会に特有のもの）として現れてくる。そのような強力な批判の武器を与えた決定的なテクストとしての『資本論』を次に見てゆくことにしよう。

第二章　『資本論』の世界

なぜ、「商品」なのか？

本章では、『資本論』のなかに分け入ってゆく。だが、『資本論』は大著であり、その全容を網羅的に解説することは限られた紙幅ではできないし、全体像の把握と提示を目指した類書は少なからず出ているから、屋上屋を架す必要もあるまいと思われる。よって、本書では、『資本論』、とりわけ最も重要な部分と目されてきた第一巻の論理を最低限おさえながら、マルクスの資本主義観におけるエッセンスを取り出し、検討を加えたい。

『資本論』第一巻・第一章は「商品」と題され、次のような書き出しによって始まる。

資本主義的生産様式の支配的である社会の富は、「巨大なる商品集積」として現われ、個々の商品はこの富の成素形態として現われる。したがって、われわれの研究は商品の分析をもって始まる。

（『資本論』、岩波文庫・第一分冊、六七頁）

この書き出しは、マルクスが資本主義を分析するにあたって、その最小単位、化学で言えば元素に相当する最も基礎的な単位を「商品」（commodity）に見定めたことを示している。そしてこのことは重大な意義を持っている。なぜなのか。

マルクスが精力的に研究し、乗り越えようとした、イギリスを発祥とする古典派経済学——その影響力は現在にまで及んでおり、現代経済学の主流派たる新古典派経済学はその名の通り、基本的概念や社会観・人間観を古典派経済学に負うている——は、富（wealth）がもっぱら商品として現れている、ということの意味を考察しなかった、という点にマルクスの議論のポイントがある。

資本主義社会に生きるわれわれにとって、富が商品の姿をとっていることはあまりにも自明である。われわれが自分の身の回りを見回してみれば、もともとは商品として生産され売りに出され買われてきた物品が、ほとんどであるはずだ。しかし、人類はこのような生活をつねに送ってきたわけではない。

極端な事例だが、完全な自給自足の生活を想像してみよう。その生活にも、食べ物や飲み物、着物、住居等々といったかたちで「富」はある。しかし、それらは商品ではない。自給自足の生活を村落共同体の規模に移し替えてみても、事情は変わらない。そこではさまざまな富の交換が行なわれるであろうが、それは貨幣を介して行なわれるものではない。

とはいえ、貨幣経済、したがって商品交換は地域によって差はあるものの、文明の早い段階で発生している。そして、例えば日本の江戸時代のような近代資本主義社会の前段である近世封建社会においては、商品の生産と交換が盛んに行なわれていた。当時の社会は圧倒的に農耕社会だが、それでも、収穫物を自家消費するのではなく、売って換金することを目的とした「商品作物」の栽培が盛んに行なわれていたと考えられる。

しかし、それでもその社会は、マルクスの言う「資本主義的生産様式が支配的である社会」ではないのだ。仮に、単に商品経済が存在する、貨幣が使用されているという事実をもってその社会を資本主義社会であると見なすならば、人間社会は太古の昔から資本主義社会であったということになるだろう。人類は、地球上に現れるや否や直ちに資本主義社会を形成したのだとすれば、未来永劫人間社会は資本主義社会であるほかないであろう。そのとき、資本主義は「自然」であることになる。

この論理こそマルクスが絶対に受け入れないものであり、マルクスの見るところ、古典派経済学の認識論的前提となっているものだ。すなわち、「富一般＝商品」と見なすことは、この等式が資本主義社会に特有のものであることを見落としており、それにより資本主義社会を「自然化」している。これに対し、『資本論』の書き出しで言い表されているのは、「富一般＝商品」となるのは資本主義社会に特有の現象なのだ、という認識にほかならない。してみれば、古典派経済学は、資本主義社会という社会的諸関係を下部構造として生まれ、そのことに無自覚であるために発生した「イデオロギー」なのである。

資本主義社会の条件

では、ある社会がどのような社会になれば、その社会を「資本主義的生産様式が支配的である社会」、すなわち資本主義社会である、と見なすことができるのだろうか。

マルクスは産業革命以降の社会を、資本主義社会であると明らかに見なしている。言い換えれば、産業資本主義が成立してはじめて、商品が富の一般的形態であるような社会になる、ということだ。それでは、産業革命という言葉からイメージされるように、工場が林立して黒い煙を吐き出していれば、その社会は資本主義社会であるということになるのだろうか。この考えは、半分当たっているが、半分間違っている。

間違っているというのは、ソ連などの現存社会主義体制の社会でも、工場は時に資本主義の国々におけるよりももっと激しく、黒い煙を吐いていたからである。またあるいは、二〇世紀末以降のいわゆる産業構造の転換が起こった国々では、第三次産業（サービス業）が最大の経済セクターとなり、煙を吐き出すような工場は減ってゆくことになる。だからといって、そうした国が資本主義体制でなくなるのではないし、むしろ逆に、そうした転換は先進資本主義国であることの証にほかならない。

だが、半分当たっているというのは、工業化が進んでこそ、マルクスの考える資本主義社会の基準が満たされるからである。そしてその基準とは、後述するように「労働力と土地の商品化」、およびそれに伴う「賃労働の発生」である。

資本主義というシステムは、あらゆる富を商品化してゆく強力な傾向を持つ。例えば、初歩的には、自家消費あるいは共同体的に消費されていた農作物が商品作物になる。あるいは、われわれの祖先は井戸を掘って水を汲み、飲んでいたわけだが、現代のわれわれは日常的にミネラルウォーターという商品を買っている。だが、人々が身の回りの物品の多くをお金を出して買うような社会になったからといって、それはまだ、マルクスの言う「資本主義的生産様式の支配的である社会」（＝資本主義社会）であるとは言えない。人間の労働力、そして土地（より広くとらえれば、「自然」であり、後に述べるようにこのことは重大な意味を持つ）が商品化されたときに、その社会は資本主義社会となるのだ。

「労働力の商品化」の過程——「本源的蓄積」の意味

マルクスのこの資本主義社会観は、『資本論』第一巻の全体的な記述の構造から理解される。第一巻の末尾近く、「第二四章　いわゆる本源的蓄積」と題された章において、マルクスは近代資本主義社会がどのようにして生まれたのかという歴史について叙述している。そこでマルクスが着目するのは、イギリスで一五世紀末〜一七世紀半ば（第一次）、および一八世紀後半から一九世紀前半（第二次）にかけて進行した「エンクロージャー」（囲い込み運動）と呼ばれる歴史的過程である。

教科書的に言えば、エンクロージャーとは、領主と富農層（地主）が、農民（小作人）から耕地を暴力的に取り上げ、共有地だった野原とともに柵で囲い込み、羊を飼うための牧場に転換したことを指す。これにより土地を追われた農民は、浮浪民化することとなった。トマス・モアが『ユートピア』（一五一六年）で「羊が人間を食べる」と批判したことは有名である。領主や富農がこうした蛮行に走った背景には、イギリスの毛織物産業の発展があった。原料の羊毛の価格が騰貴したために、羊毛の生産拡大を目指して牧羊地を拡大しようとする動機が強まったのである。

この過程は、単に農民が没落したというよりもはるかに重大な意義を持っている。というのは、封建制においては土地と密着して暮らしていた農民が、土地から引きはがされ、生計を立てるための生産手段からも引きはがされ、浮浪民化することによって、自らの労働力を売って生活するほかない存在となったからだ。つまり、賃金と引き換えに働く（賃労働）するほかなくなるのである。

「本源的蓄積」の章で語られたこの過程こそ、「労働力の商品化」の過程であった。ここにおいて歴史叙述が前景化することは、『資本論』本文の書き出しと呼応している。「資本主義的生産様式の支配的である社会」は、人類の社会の常態なのではなく、歴史的に発生した特殊な、人間社会の在り方の一つにすぎないことが、ここで明かされるのである。

そして資本の側から見ても、土地から引きはがされて浮浪状態にある人間がいなければ、産業資本主義が成り立つはずがないのだ。というのは、産業資本家が工場を建てて労働者を集めようとしても、仮にすべての勤労者が封建秩序によって土地と職能に拘束されていたならば、工場で働く者を見つけることはできない。マルクスが「本源的蓄積」という言葉で言い表したのは、資本主義社会への移行が始まり資本の蓄積運動が始まることの前提となった先行的な「蓄積」の過程であった。

このように、近代資本主義的生産様式の下で働く最初の労働者は浮浪民であった。一見対照的なことには、日本における最初の近代的工場、明治政府が殖産興業政策のシンボルとして建てた官営富岡製糸場の工女として集められたのは、士族の子女だった。その理由として、近代的製糸業を広めることを目的に、彼女たちは身に着けた技術を伝播する役割を期待されていたため、教育のある人材として選ばれた、という事情が挙げられる。

だが、もう一つの理由は、工場の「いかがわしさ」であったと推測される。フランス人技術者が常駐していたことも含め、前近代的村落共同体から見れば、近代的工場は異様で無気味なものでしかなかった。農村共同体に自己の居場所を持つ者からすれば、それは「真っ当な人間」の働く場所ではなかったのであり、居場所を失ったあぶれ者（＝浮浪民）

にしか縁のない場所であった。そしてそうであるがゆえに、近代的工場を広めたい明治政府は声望ある階層の子女を集めた。「真っ当でない」「いかがわしい」イメージを払拭する必要があったのである。

したがって、浮浪民と士族の子女の対照性は、実は両者の同根性を物語っている。ゆえに、製糸工場が日本社会に定着した後には、そこで働き過酷な搾取を受けたのは、過剰人口を抱えた農村から送り出された子女たちであったのだった。

また、人間と土地の分離は、農村共同体の崩壊も意味する。領主は特権を享受しつつ、領民の生活に気を配って統治しなければならないという支配階級側の倫理と、領民は支配を受けつつ真面目に堅実な暮らしを送るという被支配階級側の倫理によって支えられてきた、階層秩序的・身分制的な共同体的世界観が崩壊するのである。

「二重の自由」の内実

こうして生まれた賃労働から、資本家は利潤を引き出す。言い換えれば、労働者を資本家に奉仕させる。支配階級による被支配階級からの収奪は、太古からある現象だが、労働力の商品化を通じた収奪（＝搾取）という現象は、資本主義に特有のものである。なぜなら、この収奪は、あくまで商品（労働力という商品）と貨幣（賃金）との等価交換を通じて行なわれるからである。言い換えれば、それは身分上対等な関係のうえで、したがって公平で、また売るも売らぬも自由、という外観の下で行なわれるからである。

例えば、われわれがコンビニに入ったとき、そこで缶コーヒーを買おうが、お茶を買おうが、コーラを買おうが、あるいは全然何も買わずに済まそうが「自由」であり、買うとすれば、貨幣と商品の交換は公平な等価交換であるのと同じように、労働力商品と賃金の交換は、外見上「自由」意志に基づき等価である。

だが、この「自由」は、近代が最高の価値として措定《そてい》してきた「自由」の陰画的な内実なのだ。マルクスはこのことを「二重の意味で自由」な労働者という皮肉に満ちた言い方で指摘している。「二重の意味で自由」とは、第一には、身分制的束縛から解放された自由人として自分の労働力を自分の商品として処分できるという意味での自由であり、第二には、生産手段から自由である、すなわちそれによって生計を立てることのできる生産手段を持たないという意味で自由である、ということだ。近代思想は、前者の自由を人類の大きな進歩として称賛してきた。しかし、第二の自由は、自らの労働力を売るほかに選択肢がないことを即座に意味するのだから、本来的な意味での自由の名に値しない。

かつ、第一の自由と第二の自由はつながっている。巨万の富を有する資本家とその日暮らしの労働者との間に、身分のうえで差はない。ゆえに、両者の間で雇用契約が結ばれるとすれば、それは自由意志のみに基づくということになるが、そのような「自由な人間」の出現は、その人間が土地から暴力的に引きはがされ、身一つになったことの結果なのである。

マルクスが指摘した「二重の自由」概念と本源的蓄積過程による封建秩序の解体との関係は、近代政治の重要な諸理念に関しても、重大な含意を有することがわかるだろう。自由の理念についてはいま述べてきたとおりの問題性をはらんでいるわけだが、それは「万人の平等」(身分制の否定)を前提とするのと同時に、実質的な平等の不在を覆い隠すものでもある。

というのは、封建秩序においては政治的支配と経済的支配とが混然一体としており、支配者と被支配者との間のいわば自然化された不平等が秩序の前提となっている(身分制)。これに対し、資本主義社会においては、資本家と労働者はあくまで対等な関係で、自由意志に基づいて契約を結ぶのである以上、そこに搾取・支配の関係は存在しないこととなる。確かに、資本家が労働者を指揮命令できるのは、定められた労働時間内においてのことにすぎず、人格的に服従させることはできない。だが、もちろん、後に見るように、支配と搾取は存在する。

かつそれと同時に、資本家は、封建時代の支配者に負わされていた、被支配者の生活に顧慮する義務から解放される。資本家も労働者も同じ「タダの人」であるならば、前者がことさらに高い道徳心を発揮して後者の幸福実現のために努力しなければならない謂れはないからだ。つまり、資本家階級は、実質的には支配を行ないながら、支配者に従来課されてきた義務を免除されるのである。これこそが、マルクスが描き出した、近代的平等の陰画である。

止めどもない商品化の波

以上から、マルクスにおける資本主義社会の定義を明確化することができる。それは、「物質代謝の大半を、商品の生産・流通(交換)・消費を通じて行なう社会」であると定義できる。「物質代謝」(metabolism)とは、辞書的に言えば、「生体内で行なわれる物質の化学変化の総称」であるが、要するに、人間を含むあらゆる生き物は、物質を外界から摂り入れ、それを分解・合成して自己の構成物質に同化して生命活動に役立てるが、その物質は異なった物質となって体外に出される、その過程を指す。例えば、動物が食べ物や飲み物を摂取して、それを排泄物として排出するという過程、あるいは植物の行なう光合成などがそれにあたる。

つまるところ、われわれは生命の持続のために必要な物質を摂り入れ、不要なものを排出することによって生きており、労働とは物質代謝の過程への人間の意図的努力による介入である。このような物質代謝の存在そのものは生命の永遠の法則であるが、近代資本主義社会の成立による新しい現象は、この物質代謝の大半をわれわれ人類が商品を介して行なうようになった、ということだ。現に、われわれが日々摂る食事は、外食や調理済みの食べ物を買ってくる場合、まさに商品そのものであり、自炊をする場合でも、その食材の多くはスーパーマーケット等で買ってきた商品であるはずだ。もちろん、食糧に限らず、われわれの身の回りの必要物は、商品として生産され売られていたものが大半を占める。

だが、先にも述べたとおり、そうした外形からだけでは、その社会がマルクスの定義する資本主義社会に該当するか否かは不明だ。商品作物が大量に生産されていた、したがってそれら商品が購入され消費されていた江戸時代の日本社会は、それでも資本主義社会であるとは見なせない。言い換えれば、「物質代謝の大半」の「大半」の水準にまでは商品経済が達していない。なぜなら、労働力と土地が商品化されていないからである。

労働力と土地が商品化されたときに、この「大半」の水準が満たされるのだが、それはなぜなら、労働力が商品化されることにより、「商品による商品の生産」が始まるからだ。自らの生活を可能にする生産手段を持たない人間（資本主義社会の労働者・プロレタリア・賃金労働者）は、自分の労働力を、生産手段を持つ者（資本家・ブルジョアジー）に買ってもらい、その代金として賃金を得、その賃金によってさまざまな必需品を買うことによって生活する。そのとき、労働者の労働力は商品である。「社会の富」が「巨大なる商品の集積」となるのは、その商品を生産するものも商品（労働力商品）である、つまり「商品による商品の生産」が行なわれるときであり、そのときに「大半」の水準が満たされる。すでに見たように、この状況は、人々が土地および職能と一体化した状態から引きはがされない限り、生じ得ないものだった。

そして、この「大半」の水準が破られたとき、何もかもが商品化されるという資本主義社会に特有の傾向が解き放たれる。われわれの身の回りの物品について見てみても、一昔前ならば自家生産していたが、現在では買ってくることが普通になったものが数多く見つかるはずだ。あるいは、市場規模が拡大し続けている家事代行業は、家事労働の商品化である。

問題は日用品や日常的なサービスにとどまらない。資本主義社会では、何らかの有用性があるとみとめられるものならば、何でも商品化される。物質的実体を持たないものさえも商品化される。例えば、情報である。われわれがインターネット上で何気なく検索を掛けたりサイトを閲覧したりする行動は、その行動そのものが何らかの商品の潜在的買い手の興味や関心についての情報として解釈され、そのような情報を欲する業者によって買い求められる商品となる。あるいは、顔認証技術は、特定の場所をどのような人間（年齢、性別など）が通ったのかについての情報収集に使われ、やはりその情報は商品となる。この場合、人間が単に街を歩いていることが商品となる。

先端技術は止めどもなく新しい商品化の可能性の地平を開き、そのことが社会的葛藤を引き起こす。例えば、生殖に関する技術革新は倫理的に疑問視される商品を生み出す。遺伝子研究の発展は遺伝子の操作可能性を高め、遺伝子操作ベビーを可能にする。そうなれば、人間のゲノム情報が売り買いされる商品となる。あるいは、代理母出産ではしばしば貧困国の女性が代理母の役割を担わせられるが、この場合、貧困女性の子宮の利用が商品化されている。これらの事態は、「こうした物、事柄は、商品であるべきでない」と感じる従来共有されてきた社会的モラル感情を逆撫でし、葛藤を引き起こす。

そして、一九八〇年代以降世界的に進展してきた新自由主義化の波は、万物の商品化の激烈な進展と同義であった。その最も見やすい例が公営事業の民営化だ。生活必需品・根幹的な住民サービスを供給する主体は営利企業であるべきでないという考えが退けられ、各国で多くの国営・公営事業が民営化されてきた。またそのとき、その事業体が株式会社化されることにより、事業体そのものも商品化された。この民営化の波に聖域はなく、軍事までもが民営化されつつある。現代の戦争において、民間軍事会社の活動に注目が集まっているのはそのためだ。

この止めどもない商品化の波がそこに生きる人間に何をもたらすのかについては、次章

第一篇　商品と貨幣
第一章　商品
第二章　交換過程
第三章　貨幣または商品流通
第二篇　貨幣の資本への転化
第四章　貨幣の資本への転化
第三篇　絶対的剰余価値の生産
第五章　労働過程と価値増殖過程
第六章　不変資本と可変資本
第七章　剰余価値率
第八章　労働日
第九章　剰余価値の率と剰余価値の量
第四篇　相対的剰余価値の生産
第一〇章　相対的剰余価値の概念
第一一章　協業
第一二章　分業と工場手工業《マニュファクチャ》
第一三章　機械装置と大工業
第五篇　絶対的剰余価値と相対的剰余価値

で検討する。

商品と富一般の違い

『資本論』の叙述に戻ろう。『資本論』第一巻の目次は上の表のとおりである。

マルクスは、商品の分析によって資本主義の分析は始まると宣言し、実際にそれを始める。富一般と商品の違いはどこにあるだろうか。すぐに思いつくのは、生産した本人を含む誰にでも役に立ちうるものは富であるが、商品は、売りに出すことを目的とするのだから、他者の役に立つことを前提としている、という点である。したがって、「役に立つ」という点では富一般と商品は共通しているが、商品は売れなければ商品ではない。

マルクスは、商品の有用性を「使用価値」

の生産
第一四章　絶対的剰余価値と相対的剰余価値
第一五章　労働力の価格と剰余価値との量的変動
第一六章　剰余価値率の種々の表式
第六篇　労働賃金
第一七章　労働力の価値または価格の労働賃金への転化
第一八章　時間賃金
第一九章　出来高賃金
第二〇章　労働賃金の国民的差異
第七篇　資本の蓄積過程
第二一章　単純再生産
第二二章　剰余価値の資本への転化
第二三章　資本主義的蓄積の一般的法則
第二四章　いわゆる本源的蓄積
第二五章　近代植民理論

と呼び、商品が売れる、すなわち交換されるときに実現する価値を「交換価値」と呼んだ。この二つの価値を帯びていることが、商品と富一般との差異なのである。

そして、交換価値（あるいは、単に「価値」とも言われる）は、もっぱら量的なものである。というのは、各商品の有用性（質）は、それぞれにまったく異なる。例えば、書物と扇風機にはそれぞれの有用性があるが、その有用性を比較することは不可能である。「どちらがより役に立つか？」と問うてみても、無意味だ。このように、各商品の有用性は比較を絶するほど異なるにもかかわらず、それらが店頭に並んだときには、ある書物は一〇〇〇円、ある扇風機は一万円、といった具合に比較可能になる。質的な次元では比較できないはずのものがなぜ比較可能になるのか。それは、その商品に含まれる「価値の量」においては比較されうるからではないか。

つまり、商品は、比較可能であるからには共通の属性を持っており、その属性とは「交換価値」あるいは「価値」として現れる。その内実は何であるのか。

価値観を逆転させたスミスの労働価値説

マルクスは、「労働価値説」を古典派経済学から受け継いでいる。労働価値説の発明は、「経済学の父」と呼ばれるアダム・スミスに帰せられるが、スミスは、あらゆる富はつまるところ人間の労働によって形づくられるものなのだから、価値の本源は労働にある、と論じた。

この考え方は、われわれの日常的感覚にとって受け入れやすいものだろう。だが、この学説は、前近代から近代への移行期というスミスの生きた時代背景を考えれば、革命的な含意を持っていたことに留意する必要がある。

というのは、階層秩序に貫かれた前近代社会において、労働が尊ばれ、汗水を垂らして労働する者に高い社会的地位が与えられることなどなかったからだ。王侯・貴族は労働しない。彼らは高貴であるがゆえに労働しないか、あるいは彼らは労働しないがゆえに高貴なのであった。逆に、勤労者＝一般庶民は、下賤なので働かなければならないか、あるいは働いているから下賤であるとされた。このような秩序観・人間観・労働観は、洋の東西を問わず、一般的であった。つまり、労働は貶められていたのである。

そのような常識が長く続いてきたなかで、富、価値あるものの価値の本源を労働に見定めることは、言うなれば、この世界の主役の入れ替えを宣言するに等しい。その意味で、スミスに始まる労働価値説は、価値観の逆転を主張するものであり、政治的には民主主義、人民主権の主張につながるものであったと言えよう。

スミスの労働価値説は、デヴィッド・リカードによって受け継がれて洗練を加えられ、古典派経済学の主流をなすこととなるが、それをマルクスは継承している。つまり、商品の価値という共通属性は労働価値であり、これを形成するものをマルクスは「抽象的人間労働」と呼ぶ。

かくして、商品の二重性（使用価値と交換価値）に相即して、商品を生産する労働も二重化する。さまざまな商品を生産する労働の具体的内容は当然さまざまに異なっているが、この労働の質的側面は「具体的有用労働」と呼ばれ、交換価値を形成する側面が「抽象的人間労働」と呼ばれるわけである。

だが仮に、商品の価値ないし交換価値は、抽象的人間労働の結晶としての価値である、ということを確認して話が終わってしまうならば、マルクスの学説の核心はスミスやリカードと差がないことになってしまう。では、マルクスの労働価値説のどこに、独自性があるのだろうか。

貨幣という魔力――価値形態論の含意

マルクスは、商品の価値（交換価値）は抽象的人間労働の結晶であることを述べた第一章第二節に続いて、いわゆる「価値形態論」と呼ばれる議論を展開する（第三節　価値形態または交換価値）。その冒頭部には次のような記述がある。

> 諸商品の価値対象性は、かのマダム・クィックリ〔シェイクスピアの『ヘンリー四世』等の中の人物。――訳者〕とちがって、一体どこを摑まえたらいいか、誰にもわからない。商品体の感覚的に手触りの荒い対象性と正反対に、諸商品の価値対象性には、一分子の自然素材もはいっていないのである。したがって、一々の商品をどう捻《ひね》りまわしてみても、それを価値物として摑むことはできない。（同前、八九頁）

商品の使用価値は、わかりやすい。商品を見て触って、何の役に立つのかを考えれば、感覚的に理解できる。対照的に、「諸商品の価値対象性」、言い換えれば、交換価値は目に見えるものではない。ゆえに、「どう捻りまわしてみても」摑めるものではない。なぜなら、それは「ただ商品と商品との社会的関係においてのみ現われうるものである」(同前)からだ。価値に物質的な実体はない、とマルクスは言っているのだ。

そして、ここにこそポイントがあるだろう。なぜなら、先に述べたように、一方でマルクスは商品の価値の実体は「抽象的人間労働」である、と論じている。この際の「抽象的」を、生産的労働をする際の人間のさまざまな動作・労力の支出一般と解するならば、それは抽象化されているとはいえ、感覚的に理解できる「実体」である。だから、ここでのマルクスは、「抽象的人間労働」の「抽象的」とは、まさにそのような意味のものではない、と述べているのだ。では、「抽象的」とは、どのような意味においてであるのだろうか。

右の引用部に引き続いて、マルクスは「価値形態論」を展開する。この議論は、その難解さにおいてあまりに有名な部分である。マルクスは、「X量の商品A＝Y量の商品B」という「単純な価値形態」から議論を始め、「Z量の商品A＝U量の商品BまたはＶ量の商品CまたはＷ量の商品DまたはX量の商品Eまたはその他」という「総体的価値形態」へと展開し、さらに

U量の商品B＝
V量の商品C＝
W量の商品D＝　Z量の商品A
X量の商品E＝
その他の商品量＝

とする式を「一般的価値形態」と名づけて提示する。そして、この他のすべての商品と等価であるとされる「商品A」が貨幣となることを結論する。後代の解釈者たちがさまざまに論じてきたのは、この議論が、何のために、またなぜここに、置かれているのかという問題であった。

「単純な価値形態」から始めて貨幣の必然性を導出する論述の展開は、いわゆる「経済学の神話」をなぞっているかのように見える。経済学の神話とは、貨幣の出現についてきわめてしばしば語られる説明である。

いわく、Aという物品を産出ないし採集している共同体Xの成員と、Bという物品を産出ないし採集している共同体Yの成員が出会って、AとBとの物々交換を始める。だが、物々交換は不便である（Xの人間がたまたまBを欲しがり、Yの成員がたまたまAを欲しがるという

「欲望の二重の一致」が起こらないと交換ができないし、物は場合によっては保存がきかない）ので、不便を解消するために、価値の保存を可能にする貨幣が生まれた。おおよそそのような語りである。

この説明は、人類学や非主流派の経済学等から厳しい批判を受けてきた。

まず、人類学の知見によれば、未開社会における共同体間の富の交換は複雑で精妙な儀式を伴うものであり、資本主義社会における商品交換とはまったく異なる。商品交換の特徴は、当事者間での了解さえ成り立てば、そこには何らの人間的関係も発生しない、というところにある。この点において、商品交換は互酬や贈与といった象徴的負債が発生する交換と著しく異なっている。未開社会に見られる複雑な手続きと儀式に満ちた交換は、そこにおいて結果としておおよそ等量の富の交換がなされるとしても、売り／買いが完結した瞬間に当事者の間での人間関係（縁）が切れる商品交換とは、まったく別様の原理によって行なわれる、と人類学者たちは言う。

さらに、人類学者たちは言う。経済学の神話が正しければ、物々交換は行なわれているがまだ貨幣は登場していない、という段階の未開社会が地球上のどこかにあり、発見されるに違いないが、いまだそのような社会は見つかっていない、と。つまり、経済学の神話が想定する、事実上の商品交換が物々交換によって行なわれている未開社会とは、資本主義社会の物の見方を別の原理で動いている社会に投影したものにほかならない、という批判を人類学は加えてきた。

他方、マルクスがその第一人者に数えられる非主流派経済学は、経済学の神話を、貨幣の謎を無視し、貨幣の権力性を見失わせるものとして批判してきた。すなわち、経済学の神話の想定する世界では、貨幣にそれ自体の価値は何もない。なぜなら、それは純粋に利便性のために存在するものだとされ、本来の富の価値を表象代行している透明な媒体にすぎない、とされるからである。労働価値説によれば、価値の正体は労働である。だが、そうであるとすれば、なぜ、人々はあまりにしばしば貨幣に対して激しい欲望を滾《たぎ》らせるのだろうか。なぜ貨幣は、熱狂的に求められるのであろうか。マルクスが貨幣を分析することによって解こうとしたのは、貨幣が帯びてしまうこうした魔力の起源であった。

商品の社会契約としての貨幣――ホッブズとの対比

ゆえに、注意せねばならないが、マルクスの展開した価値形態論は、商品の物々交換から貨幣が生まれてくる過程を物語っているかのように見えて、実は、すでに資本主義化した（すなわち、富一般が商品である）社会を前提とした議論であるととらえるべきだ。

柄谷行人は、著書『力と交換様式』において、マルクスの価値形態論はトマス・ホッブズ『リヴァイアサン』の社会契約説から影響を受けているという説を展開しているが、確かに価値形態論は社会契約説に擬《なぞら》えうるかもしれない。

というのも、社会契約説における契約は、現にある、あるいはあるべき国家（とりわけ民主国家）の秩序の根拠を説明するための論理であり、経験の次元にはない。「私は何年何月何日にどこそこで誰それと社会契約を結びました」という人間はどこにもいない。それは、人民主権国家においてなぜ主権が人民の意志に根拠を置くのかを論証する際に、論理的に想定されざるを得ないものである。

同様に、貨幣が現に流通しているという現実から遡及して見出される商品間の交換関係を展開したものが価値形態論である、と言えるのではないか。とすれば、マルクスの提示する「X量の商品A＝Y量の商品B」という「単純な価値形態」は、商品Aと商品Bの直接的な交換可能性を表しているが、そのような交換が実際に行なわれることを示したものではない。先に挙げた一〇〇〇円の書物と一万円の扇風機の例で言えば、「一〇冊の書物」と「一機の扇風機」をわれわれが実際に交換する状況など通常考えられない。だが、われわれは商品に取り囲まれた日常生活のなかで、こうした価値の比較を意識的にあるいは無意識的につねに行なっている。例えば、家賃を月々一〇万円払っている人が一〇万円のコートを買おうかと思うとき、「家賃一ヵ月分」だと考えるだろう。

つまり、人民主権の国家において、法や制度、政策の在り方が検討される際に、人民同士の社会契約の存在が、そのような契約を誰も経験したことがないにもかかわらずつねに基準として参照されるのと同様に、「単純な価値形態」は、貨幣を用いてさまざまな売り買いをする際に人々が内面的に行なう価値の比較であると解することができる。

そして、「X量の商品A＝Y量の商品B」という「単純な価値形態」に「一切の価値形態の秘密」が隠されており、「その分析が、まことの難事となる」（同前、九〇頁）、とマルクスは言う。言い換えれば、この等式のなかに、貨幣が発生し、さらには資本が発生する契機が存在するのだ、と。

このときの商品Aと商品Bは、等価値であるのだからどちらにも何の優位性も存在しないように見える。しかしマルクスは、第一の商品＝商品Aを「相対的価値形態」にあり、第二の商品＝商品Bを「等価形態」にある、として区別する。それは、能動と受動の関係を表す。すなわち、第一の商品は自分の価値を表現しているのに対して、第二の商品は他の商品の価値表現に材料を与えているにすぎない。商品Bの価値は積極的には表現されないのである。ただし、商品Aは自分で自分の価値を表現することができず、それをほかの商品に映し出してもらうことによってそれを行なうほかない。このことは、後に見るように、重要な意味を持つ。先回りして言えば、「等価形態」にある商品が価値の鏡となるということが、貨幣が成立する契機となるのである。

また、両者の関係は、価値の表現ということにおいて結びついていると同時に、相互に対立しているともマルクスは言う。なぜなら、ある商品の価値表現において、その商品が能動の地位と受動の地位を同時に占めることはできず、商品が自らの価値を表現しようとすれば、能動の地位（相対的価値形態）の座をめぐって相争うことになるからだ。この相克状態もまた、ホッブズの自然状態の概念（万人の万人に対する闘争）を想起させる。

ホッブズの議論と対比可能な点がさらにある。ホッブズの想定した「自然状態」は、理論的仮構であったのと同時に、当時のイングランドの革命と内戦、うち続く混乱という歴史的現実から切り離せないものでもあった。そのような状況から抽象された概念が「万人の万人に対する闘争」であった。

同様に、マルクスの価値形態論も貨幣の歴史的生成を物語るものでもある。歴史的に見て、さまざまな物質的素材が貨幣として用いられてきた。具体的には、貝殻、石、布、家畜、穀物等々である。それを踏まえてマルクスは、「一般的等価形態は価値一般の形態である。したがって、それは、どの商品にも与えられることができる」（同前、一二六頁）、すなわち任意の商品が貨幣化することができる、と述べている。これを論理的に抽象すれば、「Z量の商品A＝U量の商品Bまたは＝V量の商品Cまたは＝W量の商品Dまたは＝X量の商品Eまたは＝その他」という「総体的価値形態」が得られ、それはどの商品にも貨幣になる可能性があることを示している。

貨幣への全面的な服従

だが、価値形態論が本質的な意味でホッブズ的論理に近づくのは、「総体的価値形態」から「一般的価値形態」へ移行するときにおいてであろう。『リヴァイアサン』においては、自然状態から脱する契約とは、各人が自己利益のためには殺人・強盗等を含む何事をもなしうるという権利＝自然権を相互に放棄し、その捨てられた暴力行使の権利を一手に収める主権国家＝リヴァイアサンを成り立たしめる、という行為であった。

マルクスは、「一般的等価形態」の成立を述べる部分で次のように書いている。「一般的価値形態は、商品世界の共通の仕事としてのみ成立するのである。一商品が一般的価値表現を得るのは、ただ、同時に他のすべての商品がその価値を同一等価で表現するからである。そして新たに現われるあらゆる商品種は、これを真似なければならない」(同前、一二一〜一二二頁)。

「一般的価値表現を得る」「一商品」は、この場合亜麻布とされているが、それは、亜麻布をほかのすべての商品が自己の価値を映し出す共通の鏡とすることによってそうなる。

ここで生じる事柄は複雑である。さまざまな商品のうち、亜麻布のみは自己の価値を能動的に表現する（相対的価値形態の地位に立つ）ことを断念する。他方、他の商品は自己の価値を安んじて表現することのできる尺度を得る。亜麻布は全《まった》き受動の地位に押し込められ、他の商品は能動の地位を確保する。だが、まさにその瞬間に、地位は逆転し、一般的等価形態となった商品が優位に立つ。なぜなら、それは貨幣だからだ。貨幣があればどのような商品でも買うことができる（交換できる）が、その他の商品は貨幣所持者がそれを欲さない限り、貨幣と交換することができないからである。

「商品世界の共通の仕事」として、各商品は一つの商品を等価形態に置く。これは、ホッブズの論理における、各人が自ら暴力を行使する権利としての自然権を放棄することに相当する。ホッブズの場合、各人は、自然権の放棄（＝自己利益の追求の断念）と引き換えに、リヴァイアサンによる保護を得るとともに服従の義務を負う。同じように、各商品は自己の価値を表現することのできる安定した媒体を得るが、それと引き換えに、貨幣に全面的に服従することになる。

商品の物神的性格

歴史的に「一般的等価物」は、貴金属、とりわけ金＝ゴールドへと定まった。このときに、価値の実体・本質、すなわち抽象的人間労働は、それにふさわしい現象形態を得たことになる。貶められ、卑しまれてきた労働が、光り輝く現象形態を身にまとうこととなる。

だがしかし、そこに現れる状況をマルクスはバラ色のものとしては描かない。このようにして貨幣の生成、言うなれば、諸商品による社会契約の成立を説いたその直後で、『資本論』は「商品の物神的性格とその秘密」の論述へと進む。「一つの商品は、見たばかりでは自明的な平凡な物であるように見える。これを分析してみると、商品はきわめて気むずかしい物であって、形而上学的小理屈と神学的偏屈にみちたものであることがわかる」（同前、一二九頁）、と言う。そしていわく、例えば材木で机をつくったならば、「机が木であり、普通の感覚的な物であることに変わりない。しかしながら、机が商品として現われるとなると、感覚的にして超感覚的な物に転化する。机はもはやその脚で床《ゆか》の上に立つのみでなく、他のすべての商品にたいして頭で立つ。そしてその木頭から、狂想を展開する、それは机が自分で踊りはじめるよりはるかに不可思議なものである」（同前、一二九〜一三〇頁）。

単なる有用物としては何ら不可思議なところのない物が、それが商品となると「頭で立つ」「狂想を展開する」のだという。それは具体的には、何を指しているのか。マルクスはここで、宗教的幻想について言及し、そこでは人間の頭によって生産されたものがあたかも独立した生命を持って活動するかのように見える、という。そして、「商品世界においても、人間の手の生産物がそのとおりに見えるのである」（同前、一三二頁）、と。

ここには、初期マルクス以来の疎外論のモチーフがパラフレーズされて流れ込んできている。疎外論においても、もともとは人間労働の生産物である商品や資本によって人間が支配されるようになることが指摘されていたが、ここでは、抽象的人間労働の産物である商品、そして商品の価値の結晶である貨幣、さらには資本が、あたかもそれら自身の生命を持って動き出すかのように見え、宗教的呪物と同様に人間を支配することが指摘されている。

そして、「商品世界のこの物神的性格は（中略）商品を生産する労働の独特な社会的性格から生ずる」（同前、一三二頁）。その「独特な社会的性格」とは何なのか。マルクスは、アリストテレスが価値形態を発見しながら、それを探求せず、やり過ごしてしまったことに注目している。すなわち、アリストテレスは「しとね五個＝家一軒」とは「しとね五個＝貨幣一定額」と同じであると論じながら、「『しかしながら、このように種類のちがった物が通約できるということ』、すなわち、質的に同一であるということは『真実には不可能である』」（同前、一一〇頁）として、議論を打ち切った。マルクスに言わせればもちろん、「種類の違った物が通約できる」、つまり、しとねと家とに共通するのは、それらをつくり出した人間労働である。アリストテレスがそのように考えなかったのは、「ギリシア社会は奴隷労働にもとづいており、したがって、人間とその労働力の不等を自然的基礎としていたのであるからである」（同前、一一〇〜一一一頁）。

逆に言えば、社会的富＝商品となった近代資本主義社会においてはじめて、諸財の価値が通約可能なものとなる。それを可能にするのが抽象的人間労働、すなわち商品化された人間労働力である。マルクス以前の労働価値説は、価値の本体を労働に見定めはしたものの、労働力が商品化されることではじめてこのような通約可能性を労働が帯びることを発見できなかった。この点にこそ、マルクスによる労働価値説の批判的継承のポイントが見出されるであろう。

衝動としての資本――貨幣退蔵者の倒錯的欲望

かくして、近代社会においては万人が平等であるが、それは商品所有者としての平等であり、したがって、商品物神・貨幣物神・資本物神の下で平等であるということにほかならない。そして、ホッブズにおける国家が大怪獣＝リヴァイアサンとして表象され、その禍々しい力が強調されたのと同様に、これら物神は強力な支配力を持つ。マルクスはその力を次のように記述する。

商品を交換価値として、交換価値を商品として掌握しておく可能性とともに、黄金欲もめざめてくる。商品流通の拡大とともに、いつでも役に立つ、絶対的に社会的な富の形態たる貨幣の力が、増大する。（中略）貨幣は自身商品であり、外的な物であって、どんな人の私有財産ともなることができる。こうして、社会的な力は、私人の私的な力となる。したがって、古代社会は、貨幣を、その経済的および道徳的な秩序の破壊者として非難する。

（同前、二二九〜二三〇頁）

貨幣は、物質的には金属の塊や紙きれでしかないにもかかわらず、「商品間の社会契約」によって「社会的な力」を持ち、それを私有財産として所有すれば、「私人の私的な力」となる。ゆえに、それを求める衝動には際限がなくなるが、その衝動は「貨幣退蔵」という倒錯した欲望として現れる。本来、何らかの具体的欲望をかなえるために貨幣を求める、というのが欲望の正常な在り方だとすれば、ここで現れるのは貨幣それ自体への欲望である。この引用部でマルクスが言うように、前近代社会は金銭欲への戒めを含む宗教的ないし非宗教的な規範を世界のどこでも有してきたが、それはこうした倒錯性に対する批判でもあった。資本主義社会ではこの規範は無効化する。それは、個人レベルでは人生訓としての有効性をそれなりに保ったとしても、社会全体の構造のレベルでは無効化するのだ。

だが、貨幣退蔵者は単に欲望を肥大化させているのではなく、独特の禁欲性を帯びてもいる。

貨幣退蔵者は、黄金神のために自分の肉欲を犠牲にする。彼は禁欲の福音に忠実である。（中略）勤勉と節約と吝嗇《りんしょく》は、その主徳をなしている。多く売って少なく買うということが、彼の経済学のすべてである。

（同前、二三三頁）

この件は、マックス・ヴェーバー『プロテスタンティズムの倫理と資本主義の精神』を連想させる。ヴェーバーは、社会事象のすべてを下部構造（＝経済的なもの）に還元しがちなマルクス主義に反対して、観念的なもの（この場合、宗教）が果たす役割を強調した。ヴェーバーによれば、プロテスタンティズムの職業生活の成功によって自己の救済を不断に確信せねばならないという信仰から合理的で勤勉な生活態度がもたらされ、それが無限の資本蓄積を目指す「資本主義の精神」と結果的に合致したために、プロテスタント圏で資本主義が大発展を遂げた。この生活態度を「世俗内禁欲」とヴェーバーは呼んだが、つまり、貨幣退蔵者が体現する「資本主義の精神」は禁欲的なのだ。それは、財の有用性を享受することでなく、抽象的な「価値」の蓄積へとすべての努力を振り向けるからである。

無論、ヴェーバーも指摘したように、この「救済か破滅か」の恐怖に支えられた勤勉さは、その原初の緊張感を失っていき、致富《ちふ》に成功した資本家は奢侈《しゃし》に流れもするだろう。現代社会を見渡しても、そのような実例は枚挙に遑《いとま》がない。だが、重要なのは、この貨幣退蔵者の倒錯的欲望は、資本の欲望そのものであり、資本主義社会そのものの欲望になる、ということだ。ゆえに資本主義社会は際限なく富を目指すものでありながら、その根底には禁欲的なもの、吝嗇臭さがある。ヴェーバーが『プロテスタンティズムの倫理と資本主義の精神』の末尾部分で「鉄の檻」という表現によって近代社会を激しく糾弾したのは、形骸化した「禁欲」が資本の価値増殖衝動への人間社会の全面的な服従として現れ、そのような社会に適合して生きる近代人が、実際には倒錯的なものでしかない自らの精神態度を合理的なものとして誇っていることへの憤りゆえであった。

資本の定義——不断で無制限の価値増殖運動

かくして、『資本論』の叙述は資本の定義へと向かう。資本とは、端的に言えば、M－C－M′という運動である（M=Money, C=Commodity 「′」は増加した分の価値を表す）。例えば、一〇〇万円の資金（M）がありそれによって何らかの商品（C）を買う。その商品を一五〇万円で売却すれば、一五〇万円（M′）のお金が手に入る。このとき、価値の増加分は五〇万円であり、この価値の増加分を「剰余価値」と呼ぶ。増殖した価値は、さらに再投資され、さらなる剰余価値の獲得が目指される。このような不断で無制限の価値増殖運動が、「資本」であると定義される。

あるいは、金融資本においては、例えば一〇〇〇万円を貸し付け、返済されたときには一五〇〇万円となる。このとき運動はM－M′であり、剰余価値は五〇〇万円である。

これらの価値増殖運動において、価値増殖が可能となるのは、何らかの「差異」がそこに存在するからである。言うまでもないことだが、通常一〇〇万円で売られている商品を一五〇万円で買う人はいない。つまり、「安く買って高く売る」は、通常不可能である。だが、これが可能な場合がある。例えば、遠隔地貿易である。こちらではありふれていて安価なものが、遠くの別の場所では希少で高価になる（その逆も然り）場合、「安く買って高く売る」が可能となる。このとき、あちらとこちらの価値体系の空間的差異が、剰余価値を可能にする。あるいは、金融の場合、借り手はいま手許にない一〇〇〇万円と将来得られる一五〇〇万円を交換する。この交換が貸し手に剰余価値をもたらす。この場合、現在と将来の時間的差異が剰余価値を可能にしている。

以上を念頭に置いたうえで、産業資本における価値増殖の運動は、次のように定式化することができる。

M－C……P（Pm＋L）……C′－M′

Pとは Production（生産）を表し、Pm は Production Method（生産手段）、L は Labor（労働力）を表す。つまり、最初に資金Mがあって、それによって生産手段、すなわち工場などの設備と原料、そして労働力を買い入れる。生産手段と労働力が組み合わされて生産が行なわれ、新たな商品（C′）が生み出される。それが売れれば、資本家の許には再びお金が入る。例えば、最初の資金が一億円であったとすれば、最後のM′は、必ず一億円を超えなければならない。さもなければ、剰余価値は獲得できず価値増殖は失敗に終わった――もちろんそのような失敗は現実には頻繁に起きる――ということになる。

剰余価値が生まれるには

ここで注目すべきは、この過程で行なわれているのは、すべて等価交換である、ということだ。遠隔地貿易にしても、金融資本にしても、剰余価値の源泉は、空間や時間の差異に基づく不等価交換であった。どこかで不等価交換が行なわれなければ、価値増殖は可能にならない。ところが、産業資本の定式においては、原料や生産設備、そして労働力もその価値どおりに売り買いされるものと定義される。原料のコストや生産設備のコストは、そのまま商品の価値にスライドして含まれる。そこでは、それらの価値は一円も増えはしないし減りもしない。ならば、どこで剰余価値は生み出されるのか。

考えられる要素はL（労働力）しかあり得ない、とマルクスは言う。つまり、労働力はその価値（交換価値）どおりに交換されているのだが、労働者が生産する価値は労働力の交換価値を上回るために、M′が可能になるのである、と。言い換えれば、具体的有用労働（労働力商品の使用価値）によって生産される価値が、労働力の交換価値（抽象的人間労働の次元）を上回ることによって、剰余価値が生まれる。

このとき、労働力の価値（交換価値、端的に言えば、賃金）とは何であるのか、どのように決まるのか。リカードは「賃金の生存費説」というものを唱え、マルクスはそれを受け継いでいる。それによれば、労賃は労働者たちが生存しかつ彼らを増減なく永続させるのに必要な水準に定まる。つまり、資本家が労働者階級を搾取し過ぎれば、最終的には労働者が絶滅していなくなってしまい、搾取可能な対象がいなくなってしまう。だから、労働者が明日もまた働きに来ることができ、また子孫を残すことができるのに最低限必要な程度に、賃金の水準は一致する、というのである。

当時の労働者階級の悲惨な生活状況については、『資本論』第八章「労働日」の部分で豊富な資料を用いながら詳述されているが、そこからイメージされる「最低限必要な程度」

はきわめて低い。ギリギリ何とか死なないレベル、という水準である。もちろん、蓄財などできるわけがない。

ただし、この「必要」がいかにして決定されるのか、というのは実は大変に難しい問題である。どのくらいの水準の生活を「必要最低限」の水準と見なすのかは、個人によって異なるし、国民によって、また時代によって異なる。マルクスも、必要の水準を絶対的に決定するものはなく、「いわゆる必要なる欲望の範囲は、その充足の仕方と同じく、それ自身歴史的な産物であって、したがって、大部分は一国の文化段階に依存している」（同前、二九八頁）と述べている。

だが他方で、「一定の国にとって、一定の時代には、必要なる生活手段の平均範囲が与えられている」（同前、二九八頁）。このようにして定まった労働力の交換価値を上回る価値を労働力商品が生産することによって、剰余価値の生産が可能になる。

自分のための労働と資本家のための労働が区別できない

このようにして剰余価値の概念を明らかにした後、マルクスは剰余価値を二種類に分けて分析する。一つ目が「絶対的剰余価値」、もう一つが「相対的剰余価値」と呼ばれる。

この概念を説明するにあたって、労働時間をマルクスは「必要労働時間」と「剰余労働時間」に分ける。「必要労働時間」とはつまり、労働力の交換価値＝賃金に相当する分の価値を生産している時間である。例えば、日給一万円・八時間労働の仕事があるとして、労働者は一日の労働で二万円分の価値を生産するとする。この場合、総労働時間の半分の四時間で一万円分の価値が生産され、残りの四時間で一万円分の価値が生産されていることになり、剰余価値は一万円である。マルクスは、労働時間のうち賃金分（労働力商品の交換価値）に相当する部分を「必要労働時間」と呼び、賃金分以上の価値を生産するが支払いを受けない部分を「剰余労働時間」と呼ぶ。後者の労働時間が剰余価値を生産するわけである。

このような言い方をすると、労働時間の半分が支払いを受ける「必要労働時間」、半分が支払われない「剰余労働時間」であるから、例えばこの場合、始業から四時間が経過したところで労働者は仕事を止めてしまえば搾取を逃れられるかのような印象を与えるかもしれない。しかし、現実にはそのような行動は不可能である。資本家は八時間分の労働力を買っているからだ。

このことには単なる常識の確認以上の意味がある。あくまで労働力はその価値どおりに、つまり等価交換されている。にもかかわらず、他者に対する無償労働、逆に言えば、他者の労働に対する搾取が成り立っている。このことが資本主義社会の前近代社会との違いなのだ。

例えば、奴隷制においては、奴隷の労働はすべて主人のための労働として現れる。だが実際には、奴隷の労働の一部は奴隷自身のための労働である。そうでなければ、奴隷は生命を維持できず、死んでしまうからである。ところが、奴隷は全人格的に主人によって所有されているために、奴隷自身のための労働までもが他者のための労働として現れるのである。あるいは封建制の場合、被支配者階級である生産者の労働は、自身のための労働と上位の他者（領主）のための労働に、しばしば空間・時間によって分かたれた。自分のための労働と他者のための労働が分かれていることにより、奴隷制に比べると被支配者の人格的独立性が上がっている。

これに対し、資本主義社会における賃金労働者は、資本家によって人格的に支配されているわけではない。前近代社会においては政治的支配と経済的搾取が混然一体のものとなっていたのとは対照的に、労働者と資本家は人格的に対等であり、労働契約書に「資本家への奉仕」が書き込まれているわけではない。そのために、資本主義社会では奴隷制の場合とはちょうど反対の錯覚が起きる。労働者の労働はすべて自分のための労働として現れる。「必要労働時間」と「剰余労働時間」の概念によってマルクスが指摘したのは、資本主義社会における賃労働は、自分のための労働と他者（資本家）のための労働が奴隷制とは正反対の意識を伴いながら区別できないかたちで一体化している、ということだった。

過酷な搾取——絶対的剰余価値

資本としては、できるだけ多くの剰余価値を生産・獲得したい。「絶対的剰余価値」とは、剰余労働時間の長さを引き延ばすことによって、つまりは労働時間を延長することによって得られる剰余価値を指す。

だが、この方法の限界は明白である。なぜなら、一日は二四時間に限られているし、あまりにも長い労働時間を強いれば、労働者階級が疲弊し、階級を再生産できなくなってしまうからだ。産業革命期のイギリスの工場は、成人はもちろん、少年少女ばかりか児童までをも一日一六時間といった途方もない長時間労働に駆り立てるものであったが、マルクスは「労働日」の章で、実際に労働者階級が心身ともに奇形化し、再生産の危機に陥っていることを指摘している。この危機に直面して、イギリスでは児童労働や長時間労働を規制する工場法が制定されるに至った。労働者階級の耗弱・劣化は、資本にとっても危機をもたらすからである。

ちなみに、こうしたわかりやすく過酷な搾取の光景は、産業資本主義の原始時代に限られたものだと思いなすのは完全な誤りであろう。今日の日本でも依然として長時間労働が問題であること、それに対して「働き方改革」などの政策が講じられていること、他方で少子化が進行して労働者階級の再生産が危機に陥っていること、また、発展途上国においては産業革命期と同様の危険かつ長時間の労働がまかり通っていること、先進国はそのような労働条件を受け入れざるを得ない労働者を途上国から輸入していること――これらの現象は、絶対的剰余価値の生産が形を変えつつも資本主義システムにとってキーであり続けていることを示している。

相対的剰余価値と生産力の向上

もう一つの剰余価値、すなわち「相対的剰余価値」とは、総労働時間のうちの剰余労働時間の部分を伸ばすことによって得られるものだ。それを実現するためには、より短い時間で必要労働時間分の価値生産がなされなければならない。先ほどの例、日給一万円・八時間労働、四時間で労働力商品の交換価値（賃金）分の価値生産がなされるという条件の場合、例えば、四時間の半分の二時間で必要労働時間が満たされるようになれば、残りの六時間が剰余労働時間となり、剰余労働時間が二時間分増える。このとき、二時間で一万円分の価値生産がなされるようになるわけだから、生産される総価値は四万円となるはずであり、剰余価値は、一万円から三万円に増加する。

このような価値生産の増大を可能にするのは、生産力・生産性の向上である。分業、協業、機械化、技術革新、組織の合理化等々、生産力の向上に役立つあらゆる手段が相対的剰余価値の獲得のために役立つ。ゆえに、ひとことで言えば、相対的剰余価値とは生産力の向上によって可能になる剰余価値である。

現在の価値と未来の価値との差異――特別剰余価値

高度に発達した資本主義社会においては、この方法による剰余価値の生産と獲得がきわめて重要となってくることは論を俟《ま》たないであろう。重要なのは、マルクスが相対的剰余価値の一種として「特別剰余価値」という概念を提示することにより、資本主義社会が相対的剰余価値の獲得を目指して生産力拡張、生産性向上の永久運動に駆り立てられる必然性を明らかにしている点にある。

マルクスは「特別剰余価値」を技術革新によって得られる時限的な剰余価値である、と定義する。時限的であるというのは、ある特定の資本が実現した技術革新は、完全競争の下ではすぐに模倣されるからだ。例えば、ある企業が画期的な新技術によって大幅なコストダウンに成功したとして、その商品の相場価格の半分の値段で売り出したとしよう。その企業の新製品は飛ぶように売れるだろう。だが、同業他社はその画期的新技術を模倣して、やがて追いついてくる。「半分の値段」が新しい相場価格となり、売り上げは似たり寄ったりとなるので、相対的剰余価値を追求するためにはさらなる新技術の開発、生産性の向上等が必要になる。これは終わりなきレースなのだ。

資本の概念を説明する際に、剰余価値は差異からしか生まれないことを述べたが、ここで剰余価値を可能にしているのもやはり差異である。相対的剰余価値を求め続け、したがって生産力の絶えざる向上が図られている資本主義社会においては、「同じ商品の価値は継続的に低下してゆく」ことが経験のうえでも知られている（ここでは資源価格の上下などの要素は度外視する）。すなわち、例えばある一定の性能の家電製品がいま一〇万円で売られているとすれば、数年後には同性能の製品は一〇万円未満の価格になる。なぜなら、そのときにはより高性能の製品が一〇万円で売られているはずだからだ。技術革新のために、新製品との比較において、従来の製品はその価値が下落するのである。

ここからわかるのは、特別剰余価値は、この現在の価値と未来の価値との差異から生まれる、ということだ。現在において一〇万円の価値のある商品が数年後には、例えば八万円の価値になる。まったく同性能の商品であるのに、価値が下がる。それは、その商品の価値が他の商品との関係において下落するからだ。生産力の向上によって、諸商品の織り成す価値体系は更新されるのである。だから、新技術に先鞭をつけた企業がやっているのは、未来の価値体系を先取りすることである。その先取りに対して与えられる報酬をマルクスは「特別剰余価値」名づけたのだ。

資本が欲求不満をつくり出す

以上のことから明確になるのは、資本主義社会が「絶えざる生産力の増大、生産性の向上」という命題にとり憑かれる本質的理由は、資本自身の内在的衝動、すなわち価値増殖の欲求にほかならない、ということだ。それゆえ、人類の歴史的経験に鑑みても、生産力の増大、それを可能にする技術発展は、近代資本主義の時代において、他の時代と比較を絶するほど急激になった。

このように資本の衝動と生産性の向上との関係が明らかになることによって示唆されるのは、生産力の増大、それをもたらす技術革新や発明は、人間の幸福を目的としたものではない、ということだ。近代資本主義社会が達成してきた生産力の増大は、人間の生活を快適で安全なものとしてきた、として称賛されてきた。もちろんそうした面があることは、何人も否定できない。だが、マルクスが指摘しているのは、そうした肯定的側面は、資本の内在論理からすれば、いわば副産物にすぎない、ということだ。

確かに、商品には使用価値がなければ買い手が見つからない以上、技術革新は新たな有用性を持ち込み、それによりわれわれの生活を豊かにする。しかし繰り返せば、その豊かさ、人間の幸福は、資本の第一目標ではない。資本はわれわれの幸福のためにあるのではない。

その証拠に、二〇世紀後半以降、先進国で生まれたのは「消費社会」と呼ばれる高度資本主義社会だった。消費社会とは、生活を快適にする物品が大方人々の手に渡り、便利や快適を求める欲望がおおよそ満たされたので、「モノ」を消費することから「意味」を消費することへと人々の欲望が誘導されるようになった社会を指す。人々が便利なものを手に入れて幸福になり、「もう別に何も要らない」という心境になってしまったら、資本としてはきわめて不都合なのだ。ゆえに資本は、例えばほとんど無意味なモデルチェンジを頻繁に行なう、無駄な新機能を付け加える、広告宣伝に大量の資金をつぎ込んでブランド化を図る、といった手段を講じることにより、人々の欲望を掻き立てる。要するに、資本が欲求不満をつくり出すようになる社会、それが消費社会である。ここにおいて、資本が人間の幸福を目指していないことは明らかである。

資本の他者性

マルクスの資本概念の最大の特徴、世界把握への最大の貢献は、筆者の見るところ、

「資本の他者性」を明らかにしたところにある。ここで言う「他者性」とは、資本が人間の道徳的意図や幸福への願望とはまったく無関係のロジックを持っており、それによって運動していることを指す。その意味で、人類にとって資本は他者なのだ。

「資本主義の発展によって人類の生活は快適になった」「グローバリゼーションは幸福をもたらす」云々、といった命題が無数の口から語られてきた。果敢《はか》ない願望だ。資本はそうした人間的願望に対して何の関心もない。資本は、ただ盲目的な、無制限の価値増殖の運動でしかない。それは、人間の幸福が価値増殖の役に立つ限りにおいてはその実現を助けるかもしれないが、逆に人間の不幸が価値増殖の役に立つのならば、遠慮なくそれを用いる。二〇世紀初頭のマルクス主義者たちが分析したように、帝国主義戦争はその典型である。

また、資本の他者性は、資本主義が悪であるとすれば、その罪を資本家の貪欲といった人格的な次元に求めてはならないことも意味している。資本家でさえも、資本の乗り物にすぎないのだ。ゆえに、資本家を捕まえて全財産を没収して公有化するとか、言うことをきかなければ処刑するなどしたところで、資本主義を乗り越えられるわけではない。ソ連型社会主義体制が結局は資本主義に回帰することを強いられた（ソ連崩壊、中国の改革開放路線への転轍《てんてつ》）のは、それらの体制がこうした人格的次元での資本主義批判によって資本主義を乗り越えようとして失敗したことの帰結であった。あるいは、資本主義社会の側では、株式会社制度が発展し、株式が法人によって所有されるようになった。株式を所有する法人の株式も法人によって所有されるならば、人格としての資本家は消える。しかし、だからと言って、資本は消えない。株式会社資本主義、法人資本主義によって、資本の他者性は完成すると言ってよい。

人間社会から生まれたにもかかわらず、人間の意図や欲望とは別のロジックで作用し、したがって人間の手に負えないものとなる、それが資本である。だからこそ、マルクスは資本主義を破壊し、乗り越える革命を語らざるを得なかった。『資本論』が描く革命の必然性の根拠は次のごときものである。

いわく、生産性の向上の追求は、人間労働力の機械への置き換えを要求する。それにより、生産される商品の価値のうち、労働力の価値以外の部分、すなわち生産手段と原材料の価値が占める部分が多くなる。この傾向を「資本の有機的構成の高度化」と言う。この高度化の過程は、人間労働力の削減の過程にほかならない。ゆえに、社会全体の資本の有機的構成が高度化すれば、失業する者が増える。失業者が増えれば労働の供給が過剰になり、賃金水準が低下、労働者階級はますます過酷な搾取を受け入れざるを得なくなる。その意味で、資本にとって失業者は有益な存在であり、マルクスは失業者を「産業予備軍」

と呼んだ。

　他方で、資本家同士の剰余価値の獲得競争は熾烈化し、強力な資本家が弱小の資本家を打ち倒し、後者は没落する。こうして、少数の資本家への富の一極集中が進みつつ、世界全体をこの運動に巻き込んでゆく。巻き込まれた地域や国民は、競争と窮乏化を強いられ、いよいよ階級対立が和解不可能なものとなる。

　そしてどこかのある一点で、矛盾が爆発し、「資本主義的私有の最期を告げる鐘が鳴る。収奪者が収奪される」（同前、第三分冊、四一五頁）。この一節は印象的だ。しかし、これまで述べてきたことからわかるように、「収奪者の収奪」は人格的次元での資本家の否定であり、この方法で問題の解決はできない。そして、異なる方法、より本質的な方法による資本主義の超克は、実現できないまま、人類の歴史は現在に至っている。

第三章　「包摂」の概念、「包摂」の現在

資本主義が地球全体を呑み込む

最終章にあたる本章では、『資本論』で提示された「包摂」(subsumption) の概念を取り扱う。この概念は、現代資本主義社会を考察するうえで、最も強力なツールでありうると筆者は考えるからだ。

マルクスの言う「包摂」は、社会学などでよく使われる「包摂」(inclusion) とは、ニュアンスがまったく異なる。後者の「包摂」は「社会的包摂」(social inclusion) などといった言い回しで使われ、どちらかと言うと肯定的な意味合いで使われる。社会的に周縁化された存在や、逸脱したあるいは逸脱しかかった存在を、社会がその一員として受け入れ、適切な居場所を与えることを、社会学的な意味での「包摂」(inclusion) というのである。

これに対して、マルクスの言う「包摂」(subsumption) には、何かを包み込み、徐々に圧迫し、ついには窒息させるという意味合いを読み込むことができる。つまり、否定的なイメージを喚起する。

では、何が何を包み込むのか。端的に言って、資本主義のシステムがわれわれ人間の全存在を含むすべて、自然環境を含む全地球を包み込む、ということだ。「グローバリゼーション」(globalization) という誰もが使ってきたが、よく考えると意味がわからない言葉

――一体何が「地球化する」のだろうか？　地球はそもそも地球なのだから地球が地球化するわけはなく、われわれ一人一人の存在はあまりに小さく地球大に拡大することはない――が指しているのは、結局のところ資本による地球全体の包摂である。

包摂の全面性は、一方では資本が浸透する領域の面的な拡大として現れ、他方では質的に高度な浸透、浸透の深化として現れる。なぜなら、われわれにとってなくてはならない物質代謝の過程が商品を介して行なわれ、商品が資本を生み出すからだ。かくして物質代謝の過程の総体を資本が呑み込み、価値増殖の手段にしようとする。このような傾向の進展こそ、グローバリゼーションの内容にほかならなかった。

そして今日、風雲急を告げる問題として現れているのが、まさにこの全面的な包摂という事態がわれわれをどこに導いていくのかという問いにほかならない。われわれの心を含む全存在が、そして自然環境の全体が資本主義システムに呑み込まれたとき、何が起こるのか。

マルクスは、一九世紀イギリスの資本主義社会という、今日の社会状況と比較すれば、はるかに包摂の段階の低かった社会を素材として、資本主義を考察した。にもかかわらず、彼のつくり出した概念にはその後に起こることを見通す洞察力があった。『共産党宣言』の記述からも示唆されたように、資本主義には封建社会を破壊し、人々を封建的束縛から解放するものだという一面があったはずだった。しかし今日、資本主義の発展という観念は、一種の閉所恐怖症的な感覚をもたらすものとなっている。

その理由は、包摂の概念によってこそ、明らかになるであろう。第二章で見たように、『資本論』が明らかにした重要なポイントは、「資本の他者性」であった。人間にとって「他なるもの」、人間の都合に本質的な次元ではいっさい配慮しない独自のロジックを持つもの、それが資本であった。

そして資本とは価値増殖の無限運動であるが、その価値とは、マルクスによれば、「幻のような対象性」である。「幻のような」の原語は、gespenstischという形容詞で、その語幹、gespenstは「幽霊」「亡霊」「お化け」といったものを意味する。だから、この部分は「亡霊のような対象性」と訳してもよい。つまり、資本とは、何やらわけのわからない、摑みどころのない何かが、際限なく増え続ける運動であり、資本主義社会とはそのような不気味な何かによって覆われ、埋め尽くされてゆく社会にほかならない。そして全面的な「包摂」とは、究極的にはわれわれの全存在が、また自然の全体が、この得体の知れない何かによって包み込まれ、それが増殖するための手段にされてしまう、ということではないのか。

形式的包摂から実質的包摂へ——機械の一部としての労働者

その現代的帰結を見る前に、『資本論』で「包摂」の概念がどのように提示されているのかを見てみよう。それは、相対的剰余価値の分析に入る手前の場所に置かれている。

> 相対的剰余価値の生産は、特殊資本主義的生産様式を前提とし、この生産様式は、その方法、手段、条件そのものとともに、最初は資本のもとへの労働の形式的包摂の基礎の上に、自然発生的に発生して、次第に育成される。資本のもとへの労働の形式的包摂に代わって、実質的包摂が現われる。（『資本論』、岩波文庫・第三分冊、一一〜一二頁）

資本主義的生産様式において、まずは労働が資本のもとへと「形式的に包摂」される。それは、労働力商品による商品の生産が行なわれる、賃労働が発生することを指している。「生産手段から自由」であるため、自らの労働力を資本家に売るほかなくなった状況において、労働は「形式的包摂」を受ける。

この状況が「包摂」だというのは、このとき賃金労働者は望むと望まざるとにかかわりなく、資本の増殖運動に加担させられるからである。また、このとき労働者は、道具、原料、場所等々、商品の生産に必要なものすべてを資本家によって与えられる。そして、資本家の指図を受けて、働くことになる。何時から何時まで働き、何を、どれだけの量、どのような仕方でつくるのか、それらを決定するのは労働者ではなく資本家である。要するに、労働者に自由裁量権はない。その意味で、その労働は資本のもとに「包摂」されているのである。

　だが、このように単に雇われているということは「形式的に」包摂されているにすぎず、絶対的剰余価値の生産のためにはそれで足りるとしても、相対的剰余価値の生産のためには、「包摂」が「実質的包摂」の段階に進まなければならない。すでに見たように、相対的剰余価値の生産を可能にするのは、生産力の向上、しかもその絶えざる追求である。労働の資本のもとへの「実質的包摂」とは、このプロセスに労働者を巻き込んでゆくことを意味する。生産様式の絶えざる変化に労働者は適応することを強いられる。そしてそれによって、労働の在り方は価値増殖運動の部品として深く取り込まれてゆくことになる。

　相対的剰余価値の生産を説明する『資本論』の各章は、「協業」「分業と工場手工業《マニュファクチャ》」「機械装置と大工業」と題されている。つまり、ある生産工程や業務を多数の労働者が分担することから始まり、生産力を上げるために工程は細分化され分業は高度化してゆく。労働が形式的に包摂されただけでは、労働の具体的手順や内容を労働者が自己裁量する余地があった。言い換えれば、熟練労働の真価が発揮される余地があった。だが、工程が細分化され、一つひとつの工程が単純な作業へと分解されれば、熟練労働は意味を失う。つまり、分業の高度化は、労働者の自律性を減少させる。この傾向は、工場手工業の段階を経て、大掛かりな機械装置を用いた大工場において極限化する。ベルトコンベア式の流れ作業においては、生産の主体はもはや人間ではなく機械装置のほうであり、人間の労働は補助的な存在にすぎなくなる。労働者は事実上機械の一部にされてしまうのである。

こうした労働の単純化、自律性の喪失は、著しい苦痛を労働者にもたらす。自己裁量の余地の喪失は精神に苦痛を与え、単調でまさに機械的な動作を休むことなく続けることは肉体に苦痛を与える。つまり、相対的剰余価値の生産は、こうした労働者の犠牲によって可能になる。ゆえに、マルクスが『資本論』第一巻第一三章「機械装置と大工業」のなかで指摘するように、労働者の資本への反抗が機械への反抗として現れたのは当然のことであり、一九世紀初頭のイギリスで起きたラッダイト運動（機械破壊運動）はその代表であった。

生産力を向上させる機械は、労働者の苦痛を増加させるだけでない。それは、生身の人間の労働を機械に置き換え、失業をもたらす。失業の発生は、一人一人の労働者にとって自分の雇用機会を脅かすものであるだけでなく、産業予備軍を存在させることにより、全般的な賃下げ圧力を発生させる。

だから、産業革命期の労働者は、機械の導入をはじめとして、生産性の向上をもたらすものすべてに反対し、抵抗した。これはつまり、相対的剰余価値の生産に対する抵抗であり、実質的包摂の進行に対する抵抗にほかならなかった。

フォーディズムの時代——二〇世紀以降の実質的包摂

マルクスが目撃した実質的包摂の到達点は、資本主義的生産様式におけるその時点での究極の包摂、すなわち、機械化された工場における機械と一体化させられた労働であった。だが、二〇世紀、特にその後半に入ってマルクスに学んだ者たちが指摘し始めたのは、包摂は生産過程で果てしなく深化し続けるだけでなく、生産過程だけにとどまるわけでもないのではないか、ということだった。

生産過程で包摂が完結するのであれば、労働者は工場のなかでは資本家の指図を受け、単調で苦痛の多い動作を強いられはするものの、労働時間が終わって工場の門から出てしまえば、資本に包摂された（包み込まれた）状態から離れることができた。より正確に言えば、労働者は自己の労働力商品を売って得た貨幣によって、資本が生産した別の商品を買い、それによって生きてゆくのであるから、消費の過程においても形式的には資本のもとに包摂されている。そしてマルクスが洞察したのは、形式的包摂の後には実質的包摂がやって来る、ということだった。ならば、工場の外での労働者の生活が資本のもとに実質的に包摂されるとは、いかなる事態なのか。

このことを見るためには、一九世紀から二〇世紀への移行において起こった資本蓄積の在り方の変容について、見ておかなければならない。

一九世紀の資本主義は、『資本論』に描かれているように、超長時間労働と最低限の賃金によって労働者を苛酷に搾取することで剰余価値を最大化し、利潤を最大化させようとするものだった。最大限の利潤を獲得しようとする資本家にとって、できるだけ少ない賃金でできるだけ多く生産する、という考えは合理的である。

しかし、すべての資本家が同じ行動をとるならば、どうなるか。商品は売れなければ価値が実現されない。特殊な商品を除けば資本家が市場に出す商品の買い手の大部分は、人口の大半を占める一般庶民であり、賃労働者である。したがって、勤労者大衆のほとんどが貧しく、購買力が低い状況においては、市場規模は小さくなる。ゆえに資本は、市場の空間的な拡大を求めて、国家に対外膨張政策、すなわち帝国主義政策を要請する。他方で、有効需要の不足は、著しい需給ギャップをつくり出し、経済恐慌を呼び寄せる。こうして、極端な階級格差と有効需要の不足という状況が著しい社会不安を生じさせ、ついには二〇世紀前半の二つの世界戦争をもたらすことになった。個別の資本家にとっては合理的な行動が、全体としては資本蓄積に困難をもたらすのである。

第二次世界大戦後の資本主義は、この破局の経験を踏まえたものへと変容した。すでに戦間期の時代にジョン・メイナード・ケインズが、国家の財政出動によって需給ギャップを解消することの必要性を説き、この考え方（ケインズ主義）は、二〇世紀後半になると常識化する。

他方、アメリカでは二〇世紀前半から、大衆消費社会化が進行しつつあった。その新しい資本主義社会の在り方は、「フォーディズム」と後に呼ばれるようになるものだが、この名称は自動車会社のフォード社に由来する。フォード社が行なったのは、一種の発想の転換だった。労働者を低賃金で搾れるだけ搾ることによって利潤を上げるのではなく、勤労者大衆に購買力を与えることによって利潤を上げる、という考え方を導入したのだった。具体的には、徹底的な合理化によって商品を低廉化することと、労働者に対して比較的高い賃金を払うことを同時に行なった。感覚的に言えば、かの有名なT型フォードを生産する工員たちに、自分たちのつくっている商品を買える程度の賃金を払うこととしたのである。

このフォード社が先鞭をつけた発想の転換は、戦後の先進資本主義諸国に大衆消費社会をもたらした。労働者階級が購買力を獲得して中流階級へと移行することで階級格差が縮小する一方、耐久消費財の大量生産・大量消費に依拠する経済成長により、資本の側も利潤を伸ばすことができた。暴力の使用（戦争）も辞さずに市場を空間的に広げる必要もなくなった。

また、資本主義対社会主義の東西対立の文脈も重要だった。「勤労者が主役の平等な国」を少なくとも建て前として掲げる国々が一大勢力となったという状況下では、資本主義の国家であっても、平等を真剣に追求しないわけにはいかなかったのである。こうして、おおよそ第二次世界大戦の終結から一九七〇年代のオイルショックの時期までが、資本と労働が共に果実を享受することのできたフォーディズムの時代として現れた。そこにおいては、公衆衛生の改善、福祉国家の建設、絶対的貧困の大幅な減少といった重大な成果が達成されたのであった。

生産性向上の絶えざる競争に巻き込まれる労働者

だがしかし、フォーディズムによる達成の指摘は事柄の半分でしかない。包摂の観点からそこで起きたことを腑分けするならば、フォーディズムとは労働者の全生活の資本のもとへの実質的包摂の始まりであった。

確かに、フォード社は高賃金によって労働者を手厚く遇した。ただし同時に、フォード社は労働者に従順であることを要求した。同社が、自社で働く労働者の素行を気にかけ、社業を終えた後の労働者が深酒などをしていないかどうか、探偵を雇って監視したのは有名なエピソードである。生産力を向上させるためには、フォード社としては素行に問題のある（したがって、規律に問題のありそうな）労働者を排除したかったのであった。

また、フォーディズムと同時に導入されたのは、テイラー主義だった。テイラー主義は、工学者のフレデリック・テイラーに因むが、テイラーは「科学的管理法」の提唱者であり、工場労働者の身体の動きを「科学的に管理する」必要性を訴えた。要するにこれは、工場で作動する機械の動きに労働者は一体化せよ、との要求である。テイラーは説く、確かに身体動作の科学的管理は労働者に苦痛をもたらすが、その見返りはあるのだ、と。見返りとは高賃金であるが、マルクスの用語に置き換えて言えば、生産性の向上によって相対的剰余価値が増大し、その一部が労働者にも分配される、ということである。すでに見たことからわかるように、この剰余価値の分配は安定したものではない。「特別剰余価値」の概念が示すように、それは時限的なものであって、社会全体の生産力が上昇すれば、すぐに失われる。したがって、賃労働者は生産性の向上を目指す絶えざる競争に巻き込まれ、それにつれて包摂の度合いは高まることになる。

フォーディズムにおいては労働者が相対的剰余価値の生産に関与するようになるというロジックを画期的に推し進めたのは、時に「トヨティズム」とも呼ばれ、世界的に有名になった、トヨタ自動車の「カイゼン」である。経営者や管理職のみならず、末端の労働者までもが職場における生産性の絶えざる向上の可能性をつねに気に掛け、積極的にその方策を提言することをそれは指している。ここにおいて、相対的剰余価値の獲得運動に、労働者は受動的に巻き込まれるのではなく、主体的に参加することになる。

包摂は工場の外にも及ぶ

こうして、フォーディズムにおける労働の資本のもとへの実質的包摂は二つの局面で進行する。一つには、生産過程において、労働者は相対的剰余価値の生産に抵抗しなくなり、さらにはそれに積極的に参加するようになる。労働運動の主目的が、生産性の向上に抗うことから、賃上げへと変移したことは、この間の変化を物語っている。

もう一つの局面は、包摂が工場からその外へと及んでくるという状況だ。一九世紀的な労働者は、工場の外にいるとき、資本から何も期待されていなかった。何かを期待できるような見返りを与えられていなかったからだ。これに対してフォーディズムは、工場を離れた労働者が翌朝も壮健な状態で工場に現れることを期待する。使い捨てるようにして労働者を搾取するのではなく、心身ともに健康な状態で規律よく働かせるほうが剰余価値の生産に寄与することが発見されたのである。

同時に、工場から出た労働者は、良き消費者であることが期待されている。フォーディズムの時代が消費社会をもたらしたのは当然のことだった。支払われた高い賃金が商品の購入へと振り向けられなければ、価値は実現しないし、資本蓄積は途絶えてしまう。フォーディズムの時代に一般化したいくつかの種類の家電製品などは、それら抜きの生活が現代人には想像できないほど、利便性の高いものだ。だが、便利な品が一通り行き渡ってしまった後には、買い替え需要しかなくなる。資本にとって、それは需要の不足を意味する。ゆえに、すでに指摘したように、資本による労働者への消費への駆り立てが企てられる。欲望の対象がモノから意味へと変化し、欲望が満たされなくなる。ここにおいて、欲望は資本の価値増殖運動に実質的に包摂される。そして、この満たされない欲望を満たすためのカネを得るために、生産の局面における相対的剰余価値の生産に、労働者はますます積極的に参加しなければならなくなる。

してみれば、フォーディズムとは、労働者階級にとって一種の毒饅頭のごときものだった。一九世紀的な労働者は、貧しくはあったが社畜ではなかった。フォーディズムにおいて、労働者階級は物質的に豊かにはなった一方で、生産過程においても、再生産(消費)過程においても、資本の論理を内面化するようになってしまう。資本の利益と労働者の自己利益が同一視されることにより、剰余労働と自己のための労働が区別できず、すべての労働が自己のための労働に見えてしまうという資本制に特有の錯視が強化されることになる。

「最良の労働者」の誕生——新自由主義段階の包摂

フォーディズムを通過したことによる労働者の資本のもとへの包摂の深化の問題性は、

フォーディズムの時代が終わり、新自由主義の時代に移行した後に、いよいよ顕在化したと言える。フォーディズムが行き詰まりを迎えたのは、欧米先進国では一九七〇年代においてであった。経済成長が鈍化し、ケインズ主義政策も功を奏さないようになり、スタグフレーションが進行した。

ここで登場したのが英サッチャー政権、米レーガン政権に代表される新自由主義政策だった。規制緩和、小さな政府、民営化といった政策が新自由主義を代表するものとされ、それを支える思想が、自己責任論や市場原理主義であると言われてきた。その帰結は、非常にしばしば指摘されてきたように、中流階級の崩壊による再階級社会化であり、それによる社会不安の著しい増大であった。かつ、新自由主義が約束したはずの力強い経済成長の復活は生じていない。

新自由主義化が始まってすでに四〇年あまりを経過した今日、驚くべきは、新自由主義への批判がすでに十分に高まってきたにもかかわらず、それへの組織的抵抗が弱体であることだ。無論、ヨーロッパや南米などで、反新自由主義を標榜する政権が登場するなどしているが、その打倒には程遠い。

その理由としては、資本そのものの権力、国家権力（とりわけ大国）と資本との癒着といったさまざまな事情があるが、とりわけ日本で感じられるのは、人々の抵抗の意志そのものの衰微である。例えば、わかりやすい指標を挙げるならば、戦後日本における労働争議(ストライキ、ロックアウト等)の発生は、一九七四年のピーク時には発生件数にして五〇〇〇件以上、参加人数は三五〇万人以上を数えていたのに対し、一九八〇年代以降、発生件数は一〇〇〇件以下に下がり、減少し続けている。最新のデータ(二〇二一年)では、争議件数はわずか五五件、争議行為への参加人数は一万人にも満たない。多くの日本人にとり、ストライキが不便を生じさせる煩わしいものでしかなくなって、すでに久しい。

こうした状況がいかにしてもたらされたのか。このような状況をもたらすこともまた、「資本の力」の一部分であるととらえることができるのではないか。そうであるとすれば、新自由主義は資本による包摂のさらなる段階を告げているはずである。

フォーディズムが終焉したいま、労働者が資本に協力したところでその見返りはない。にもかかわらず、労働者による資本の論理の内面化が進行する。実際は資本に奉仕しているにすぎないのに、自分は自由で進歩的であるかのように思い込む心性が蔓延する。そのとき包摂されているのは、人間の精神である。

そうした包摂は、どのような形で表れているか。例えば、二〇二二年三月に判決が出た(千葉地裁)東京ディズニーランド(オリエンタルランド社)で起きたパワハラ事件(同社は控訴)では、原告は上司から労災認定を取り止められただけでなく、同僚たちから「三〇歳以上のババァはいらねーんだよ、辞めちまえ」「病気なのか、それなら死んじまえ」といった悪口を浴びせられたという。労災の発生、会社の側からのその揉み消しという事態は、誰の身にも起こりうるということに思い至らないばかりか、会社に盾突く者は人間としてのごく当たり前の同情すら与えられず、排除すべき対象となる。資本から見れば、これら「同僚たち」は「最良の労働者」であろう。

確かに、マルクス＝エンゲルスの「万国の労働者よ、団結せよ」は、ある意味で「不可能をなせ」とのメッセージではあった。なぜなら、労働力商品の所有者としての労働者は、自分の商品を有利な条件で販売することにもっぱら関心を持つからだ。資本主義社会では、資本家同士が自らの商品をより高くより多く売るための激しい競争をしているのと同じく、労働者同士も自らの労働力商品をより有利な条件で売るための競争を強いられることになる。ゆえに、純粋に労働力商品の所有者となり、それ以外のすべての属性を失った人間は、同じような立場にある他者を出し抜いたり他者を犠牲にしたりすることによって自己利益を得ることを躊躇《ためら》う理由がなくなる。

かくして、資本への積極的隷従が自己利益として認識されるとき、資本にとっての「最良の労働者」が生まれる。資本のロジックが存在する限り、労働者の団結はある意味で不可能なのだ。無論、これまでこのロジックが貫徹しきることはなかった。それは、賃労働者が「純粋な労働力商品の所有者」にはなりきらなかったからだ。しかし、包摂の最新段階を見るとき、このロジックの完全な実現は近づいていると感じさせられる。

「協働」や「共感」も商品となった——受動性の果てに

右に見たオリエンタルランド社パワハラ事件は、「やりがい搾取」としばしば呼ばれる雇用／労働形態を背景として起きたものでもある。サービス業やエンターテインメント産業を中心に、「憧れの〜」「夢の〜」といった美名のもとに、低賃金かつ不安定な雇用が常態化している状況が指摘されてきた。新自由主義の時代となって一九世紀的な蓄積様式に回帰した資本は、「やりがい」を喧伝することで、労働者に低賃金を甘受させている。

こうした労働形態は、一種の倒錯にまで発展する。二〇一四年一月一四日に放送された一つのテレビ番組（NHKクローズアップ現代）は、多くの視聴者に衝撃を与えた。同番組が取り上げたのは、「居酒屋甲子園」と呼ばれるイベントだった。「外食産業の活性化」を目的として掲げる同イベントの内容は、全国から参加した居酒屋の店員たちが、五〇〇〇人以上の、おそらくはその大半がやはり居酒屋の店員であろう来場者の前で、居酒屋で働く夢や希望をつづった言葉を感極まりながら絶叫する、というものだった。

「夢はひとりで見るもんなんかじゃなくて、みんなで見るもんなんだ！　人は夢を持つから、熱く、熱く、生きられるんだ！」

番組は、出場者の同僚や来場者たちが、こうした「感動」「笑顔」「仲間」「感謝」といった語彙がちりばめられた言葉を聞いて涙ぐんだり笑顔を浮かべたりと、共感的な反応を見せる様子を映し出した。このような居酒屋労働者たちの労働条件は、同番組で紹介された事例では、一日一六時間労働で年収が二五〇万円。「賃金の生存費説」をも下回る水準である。

同番組は、居酒屋甲子園を「ポエム化」であり、「目にしたくない現実を覆い隠す道具になりかねない」と明確に批判的な論調で紹介したために、放送後に居酒屋甲子園主催者がNHKに抗議、他方、ネット上では「典型的なブラック労働とその隠蔽」「異様な光景」であるといった意見が多く見られた。

筆者もまた、番組で紹介された光景の異様さに衝撃を受けた。その異様さの本質はどこにあるのか。もちろん、番組中で社会学者の阿部真大が指摘したように、「彼らの労働状況を考えると『そう思わないとやっていけない』というのも事実」だという現実がある。ゆえに、居酒屋甲子園を非難し貶めるならば、低賃金にあえぎながら懸命に働く者たちの心の拠り所を奪うことにつながりかねない。

しかしながら、だからといってこの光景が異様であることに変わりはない。そこには、「当事者たちがそれで感動し、満足しているのならば、それでいいではないか」とやり過ごすわけにはいかない問題性がはらまれている。居酒屋甲子園で「仲間」が強調されていることと、オリエンタルランド社の件で「仲間」が成立しなくなっていることは、一見対照的だ。しかし、どちらも包摂の高度化の果てに現れた現象だとすれば、これらの対照的現象は実は同根なのではないか。

つまり、居酒屋甲子園の光景の居心地の悪さは、本来働く者同士の間で自然発生的に生ずるはずの労働者の連帯感が、資本によって与えられたものとして現れていることから来ている。確かに、われわれは働くことにおいて、他者（同僚や顧客）と協働し、共感することを求めている。そうした感覚を持ち得ないとき、労働の苦痛は測り知れないほど増す。しかし、実質的包摂の高度化の果てに純然たる「労働力商品の所有者」となってしまった現代のわれわれは、協働、共感することができなくなっている。だとすれば、そうした感覚を「買う」しかない。居酒屋労働において、「感動」「笑顔」「仲間」「感謝」といった語彙で語られる情動は低賃金を補償するものとして機能している（やりがい搾取）が、これらの情動が強化され爆発的に表出される場を資本の側が用意するとき（居酒屋甲子園）、これらの情動もまた資本が提供する商品となる。労働者のあいだで自然発生しない「協働」「共感」「連帯」「団結」を資本は労働者に売る。これら情動商品の代金は、労働者の賃金から天引きされている。低賃金はある意味でその結果なのだ。

先に述べたように、フォーディズムによる実質的包摂の深化の過程は、消費社会化が進む過程でもあった。消費社会は人間に受動性をもたらす。なぜなら、すべてが商品として与えられる社会においては、「人間＝消費者＝お客さん」の等式が成り立つからだ。人が買い物客的な姿勢をとるのが不適切な場面においても買い物客的に振る舞うようになる社会、それが消費社会である。例えば、「投票したい候補がいないので選挙に行かないのは、買い物に出掛けたが買いたい物が店にないので何も買わずに帰るのと同じ」というような愚かな考え違いが発生することが、消費社会に特有の現象である。

本来、「感動」「笑顔」「仲間」「感謝」「協働」「共感」「連帯」「団結」といったものすべては、われわれが自主的につくり出すべきものだ。仕事の「やりがい」も自ら発見すべきものである。だが、消費社会的受動性が極限化するとき、一方では包摂の高度化が人間を純然たる労働力商品の所有者へと還元するなかで、それによって失われるわれわれの人生にとって不可欠な情動までもが、資本によって与えられる商品となる。そうした状況の異様さこそ、居酒屋甲子園の光景の異様さとして現れたものではなかったか。

「資本の他者性」がもたらす閉塞

マルクスの「形式的包摂」「実質的包摂」の概念から、フォーディズムの時代を経て、それも終わったいま何が起きているのかを検証してきた。われわれの情動、感情生活までもが商品化され、買うべき対象となった後、まだ包摂されていないものとして、言い換えれば、抵抗の拠点として何が残っているのだろうか。おそらくはもう何も残っていない、という感覚が現代の閉塞をもたらしている。

そうした閉塞に突き当たるなかで、われわれがあらためて知るのは、「資本の他者性」である。フォーディズムはさまざまな恩恵を先進資本主義国の労働者階級に与えることによって、「資本の他者性」を見失わせたが、新自由主義によって、それは猛烈に回帰してきたのである。これに対する対抗策を提案することは本書の任に余る。だがそれでも最低限言えるのは、資本の姦計を見抜くことにおいて、マルクスの資本主義分析ほど強力なものはない、ということだ。われわれは繰り返しそこに立ち返る必要が、依然としてある。言い換えれば、マルクスの展開した議論には繰り返し参照する価値が依然としてある。このことを確信してもらえたならば、本書の目的は十分に果たされたと言えるであろう。

読書案内

マルクスの著作は、**『マルクス＝エンゲルス全集』**（大月書店、全五三冊）が最も包括的な著作集であるが、本書で概説した**『経済学・哲学草稿』『ドイツ・イデオロギー』『共産党宣言』『経済学批判』『資本論』**等の主著の多くが、岩波文庫、大月書店国民文庫等に収められている。筑摩書房から刊行された**『マルクス・コレクション』**（全七冊）も簡便である。

マルクスについて書かれた入門書、概説書の類は、膨大な数にのぼる。『資本論』入門としてその平易さにおいていささかの自信をもって薦めることができるのは、白井聡**『武器としての「資本論」』**（東洋経済新報社、二〇二〇年）である。本書で展開した「包摂」のテーマとの関連性も深い。また、本書で簡潔に論じた、労働者階級の団結の困難という主題に関して、筆者はレーニンを題材に**『未完のレーニン』**（講談社学術文庫、二〇二一年）にて詳述している。併せて読めば理解を深めることができるだろう。

本書でもその難解さを指摘した「価値形態論」の解釈については、宇野弘蔵**『経済原論』**（岩波文庫、二〇一六年）を推す。宇野はいまもって日本のマルクス解釈者のなかで最重要の人物と目される。宇野のマルクス読解のエッセンスを述べた**『資本論の経済学』**（岩波新書、一九六九年）は、宇野弘蔵自身による宇野経済学入門であると言える。

その宇野がマルクス理論の核心であると主張したのは、「労働力の商品化の無理」であったが、本書でも強調した「労働力の商品化」の問題をその「無理」の帰結としてのファシズムの時代に考察したのが、ハンガリーの経済思想家、カール・ポラニーの**『大転換』**（東洋経済新報社、新訳、二〇〇九年）であった。同書の理論的射程は、グローバル化以降の時代にも及んでいる。また、労働力の商品化の結果、労働が近代社会の構造的次元で占めるようになる特別な役割を『資本論』に即して精緻に論じたのが、カナダ出身でシカゴ大学教授を務めたモイシェ・ポストン**『時間・労働・支配』**（筑摩書房、二〇一二年）である。大部の研究書であるが、実りは多い。

二〇世紀後半以降の資本主義社会の分析にマルクスをどう役立てるのか、という問題意識を持つとき外せないのは、本書でも言及した、ジャン・ボードリヤールの消費社会論だ。主著は、**『消費社会の神話と構造』**（紀伊國屋書店、新装版、二〇一五年）である。ネオリベラリズム、ポスト・フォーディズムの時代に対するマルクス的分析の文献は増え続けている。代表的には、**『〈帝国〉』**（以文社、二〇〇三年）をはじめとするアントニオ・ネグリとマイケル・ハートによる一連の仕事である。

近年、「マルクスがどう読まれてきたのか」という歴史、学説史・理論史というよりも精神史的な事柄に対する関心が低下し過ぎているように思われる。当時の解釈は不正確だとか粗雑だとか、批判するのは容易だ。しかし、どんな精神がマルクスの教えを受け止め、時代に対峙していたのかを知ることは、今日マルクスをどう読みうるかについて貴重な示唆を与えるはずだ。そうした観点から、河上肇**『貧乏物語』**（岩波文庫、一九六五年）、荒畑寒村**『寒村自伝』**（上・下巻、岩波文庫、一九七五年）、石堂清倫**『わが異端の昭和史』**（上・下巻、平凡社ライブラリー、二〇〇一年）といった名著がもっと読まれるべきだと筆者は感じる。

おわりに

「ブラックバイト」、すなわち不条理な労働を強いるアルバイトが大学生のあいだで社会問題化している、という話を最初に聞いたとき、筆者には意味がわからなかった。その不条理とは、サービス残業の強要であったり、「試験の日だから」という理由でシフトを外したのに、「人手が足りない」と言われて無理矢理出勤させられ単位を落としたりする、とのことだった。

意味不明だというのは、なぜその仕事を辞めないのか、ということだった。今日の学生の経済状況がいかに苦しいとしても、たかだか時給一〇〇〇円程度の仕事のために留年してしまう（留年は休学・退学への入り口にもなりうる）という現象が理解不能だった。なぜ、辞めないのか？　退職を申し出るのが気まずいなら、なぜ端的に逃げ出さないのか（バックレないのか）？

学生と接する仕事を何年もするうちにわかってきたのは、「逃げ出してしまえ」という発想がどうやら彼らにはないらしい、ということだった。筆者は考え込んでしまった。江戸時代、苛政に耐えかねた百姓たちは逃散した。人間の自由が全然認められていなかったとされる封建社会でも、人々は逃げ出す自由を当然視していた。それに引き換え、近代、現代とは一体どんな時代なのだろうか。ある時期までは、世の中の仕組みを根本的にひっくり返す革命が本気で語られていた。にもかかわらず、今日においては、ただ逃げ出すことさえもが、できなくなっているのだ。

かくして、現代の人間を意志や想像力のレベルで抑圧し蝕んでいる強力なメカニズムがある、と想定せざるを得ない。そこでマルクスのテクストに目を向けてみると、俄然重要性を帯びて浮かび上がってきたのが「包摂」の概念だった。

また、「包摂」の問題は、本書で主題的に述べてきた人間の魂の包摂の次元にとどまるものではない。本書のサブタイトルが示すように、資本が包摂するのは「生」の総体であり、したがって、人間のみならず、生きるものすべて（化石燃料などは「過去に生きたもの」である）、自然の生態系の全体さえもがその対象となる。気候変動に代表されるいわゆるグローバルなエコロジー危機とは、この次元の包摂によってもたらされているものにほかならない。

あるいは、自然科学における近年の動向を挙げることもできる。例えば、生物学は医学に呑み込まれつつあるという。もともとは生命現象に対する好奇心から始まった生物学であったが、いまや医療への応用可能性のある――したがって大きなビジネスになりうる

――研究のみが研究資金を集められるようになり、その結果、生物学者の探究の動機も変化した。応用可能性のある自らの専門分野にのみ関心を持ち、生命現象そのものに対する関心を持たない生物学者が現れてきた、という。つまりは、科学（その担い手も含め）に対する資本の包摂が進行している。その異様さの一端を、われわれはかのＳＴＡＰ細胞論文捏造事件において目撃したばかりだ。

そのほか、どのような次元で包摂が進んでいるのか、われわれは注意深く検証する必要がある。だが、これらの現象は、マルクスの解明した「資本の他者性」に鑑みれば、驚くべきものではないのだ。「笑うな、泣くな、ただ理解せよ」と哲人スピノザは語ったと伝えられるが、マルクスも共産主義革命という無限遠点から資本を「ただ理解」しようとした。ゆえにマルクスの議論を通じてわれわれは、資本主義の発展、そのグローバル化、実質的包摂の容赦なき深化の必然性を理解することができる。

ただし、マルクスは「ただ理解」しようとしたが、「笑うな、泣くな」の教えには従わなかった。実際、『資本論』の行間には、マルクスの笑いと涙があふれている。際限のない包摂が続くなかで、われわれが手放してはならないのは、この精神なのではないだろうか。包摂の深化がもたらす滑稽事を笑い飛ばし、その不条理に怒り、悲惨に涙する。エコロジー問題をめぐっては、「地球が泣いている」といった比喩がよく使われるが、われわれ人間もまた、こちらは文字通りの意味で生態系の一部なのだ。だから、われわれは、われわれの魂が監禁され絞め殺されようとするとき、泣き、叫び、怒り狂ってよいのである。否、むしろマルクスと共にそうするべきなのだ。本書が読者にとって自らを解き放つ準備として役立つことを、筆者は願っている。

本書が成るにあたっては、講談社現代新書編集部の所澤淳さん、姜昌秀さんのお世話になった。ご助力に心より感謝申し上げます。

京都・衣笠にて

白井　聡

N.D.C. 330　126p　18cm
ISBN978-4-06-531196-7

講談社現代新書　2695

今《いま》を生《い》きる思想《しそう》　マルクス　生《せい》を呑《の》み込《こ》む資本主義《しほんしゅぎ》

二〇二三年二月二〇日第一刷発行　二〇二三年三月八日第二刷発行

著　者　白井《しらい》　聡《さとし》

発行者　鈴木章一

発行所　株式会社講談社
東京都文京区音羽二丁目一二―二一　郵便番号一一二―八〇〇一

電　話　〇三―五三九五―三五二一　編集（現代新書）
〇三―五三九五―四四一五　販売
〇三―五三九五―三六一五　業務

装幀者　中島英樹／中島デザイン

印刷所　株式会社ＫＰＳプロダクツ

製本所　株式会社国宝社

定価はカバーに表示してあります　Printed in Japan

「講談社現代新書」の刊行にあたって

教養は万人が身をもって養い創造すべきものであって、一部の専門家の占有物として、ただ一方的に人々の手もとに配布され伝達されうるものではありません。

しかし、不幸にしてわが国の現状では、教養の重要な養いとなるべき書物は、ほとんど講壇からの天下りや単なる解説に終始し、知識技術を真剣に希求する青少年・学生・一般民衆の根本的な疑問や興味は、けっして十分に答えられ、解きほぐされ、手引きされることがありません。万人の内奥から発した真正の教養への芽ばえが、こうして放置され、むなしく滅びさる運命にゆだねられているのです。

このことは、中・高校だけで教育をおわる人々の成長をはばんでいるだけでなく、大学に進んだり、インテリと目されたりする人々の精神力の健康さえもむしばみ、わが国の文化の実質をまことに脆弱なものにしています。単なる博識以上の根強い思索力・判断力、および確かな技術にささえられた教養を必要とする日本の将来にとって、これは真剣に憂慮されなければならない事態であるといわなければなりません。

わたしたちの「講談社現代新書」は、この事態の克服を意図して計画されたものです。これによってわたしたちは、講壇からの天下りでもなく、単なる解説書でもない、もっぱら万人の魂に生ずる初発的かつ根本的な問題をとらえ、掘り起こし、手引きし、しかも最新の知識への展望を万人に確立させる書物を、新しく世の中に送り出したいと念願しています。

わたしたちは、創業以来民衆を対象とする啓蒙の仕事に専心してきた講談社にとって、これこそもっともふさわしい課題であり、伝統ある出版社としての義務でもあると考えているのです。

一九六四年四月　野間省一